Martina Goernemann

Wohn dich glücklich!

Neue Ideen für Haus und Herz

Fotos von Sonia Folkmann

Bassermann Inspiration

WHEAT FLOUR
GROSS

Inhalt

Ein Wort zu Beginn

Glück kann unter einer dicken Schicht aus Marzipan und Sahne hausen oder sich als SMS verkleiden. Es kann eine Hundeschnauze oder Katzenpfoten haben und in unsere Nase kriechen als erster Fliederduft im Frühjahr. Es hat viele Namen. Die einen nennen es »Gesundheit«, andere »meine Kinder« oder »ewige Liebe«. Glück gibt es in dunkelhaarig und blond, breitschultrig und mit Lachfältchen. Wir lernen früh, dass es äußerst zerbrechlich ist und niemand so recht weiß, wo es wohnt. Niemand? Wenn Sie auf der letzten Seite dieses Buches angekommen sind, dann kennen Sie sogar seine Adresse. Es wohnt bei Ihnen zu Hause! Sie werden es in Zukunft täglich treffen. Warum? Weil ich Ihnen die Tricks verrate, wie Sie es dem wichtigsten Menschen in Ihrem Leben schön machen können.

Und wer ist der wichtigste Mensch in Ihrem Leben? Richtig: Sie! Wohnen Sie sich glücklich! Ich gebe Ihnen mein Wort darauf: Es funktioniert!

Herzlich
Ihre
Martina Goernemann

PS: Wir kennen uns schon eine Weile, denn dieses ist mein fünftes Buch. Deshalb ahne ich, auf welche Fotos Sie tippen und sagen werden: »Wo gibt's denn das?« Lassen Sie sich von den Sternchen*, die ich für Sie gestreut habe, auf die vorletzte Seite führen. Dort finden Sie ein paar Adressen für Ihr Wohnglück.

Flur

Wenn Schuhe zu eng sind, kann man zu einem Spray greifen, das sie weitet. Zwei oder drei Sprühstöße auf das Leder, und der Schuh dehnt sich. Wäre es nicht herrlich, wenn es so ein Spray auch für den Flur gäbe? Alle Wände würde ich damit einnebeln und dann hätte ich Platz für Schränke. Schränke, in denen alle herumlungernden Schuhe verschwinden würden und die Rucksäcke und Turnbeutel auch. Unser Flur ist Ankunftsbereich für Einkaufs- und Schultaschen, Skateboards und die Pakete für den Nachbarn, der nie zu Hause ist. Hier treten Menschen ein, die unser Herz wärmen, und solche, deren Ankunft uns schon Wochen im Voraus nervös macht. Keine andere Stelle unseres Hauses hat gemessen an der Grundfläche eine so hohe Umarmungsdichte. Begrüßungen und Abschied, Freude und Trauer. Die Schleuse zu Glück und Unglück, und immer stehen zu viele Schuhe dabei herum und schauen zu. Und weil die wenigsten von uns ihren Flur größer machen können, machen wir ihn einfach schöner. Los geht's!

Ein Gruß von zu Hause

Ich hab neuerdings ein großes Glas bei mir im Flur stehen. Darin sind bunte Lollis. Wenn Gäste mein Haus verlassen, gebe ich ihnen einen Lolli mit auf den Weg. So wie früher, wenn wir von einem Kindergeburtstag nach Hause gingen. Manchmal greife ich auch selbst ins Glas, kurz bevor ich die Haustür hinter mir zuziehe. Wenn ich den Lutscher später in meiner Manteltasche ertaste, dann fühlt sich das an wie ein Segensgruß von zu Hause. Es ist nicht selbstverständlich, jeden Tag gesund zurückzukommen und die Menschen vorzufinden, die man liebt. Es ist nicht selbstverständlich, einen Rückzugsort zu haben, der uns glücklich macht. Und nein, ausdrücklich dreimal nein, es kommt nicht darauf an, ob wir drei Meter hohe Altbauwände haben oder Stuck an der Decke. Nicht die Südlage am Park oder die Terrassengröße ist entscheidend. Wenn wir uns in unserem Zuhause erkennen, dann ist jede Rückkehr dorthin ein kleines Fest!

Ein bisschen »Tante Emma«-Gefühl hat auch im kleinsten Flur Platz. Ein paar Zipfeltüten und ein Glas mit süßer Füllung sorgen für ein warmes Herz beim Abschied.*

Wenn die Seeleute nachts von der rauen See kamen, leuchteten ihnen Kerzen in den Fenstern den Weg ... So romantisch stellte ich mir die Rückkehr eines durchgefrorenen Seebären an den warmen Herd jedenfalls immer vor. Aber auch wer in Anzug und Krawatte nach Hause kommt, freut sich über ein Lichtlein. Ich meine ausdrücklich nicht die Außenbeleuchtung des Hauses. Ich meine ein klitzekleines Licht im Fenster, das sagt: »Hier bist du daheim!« Ich benutze zu diesem Zweck batteriebetriebene Kerzen – weil es sicherer ist –, aber dafür stecken sie in hübschen alten Leuchtern.

Wo kein Platz für ein Schränkchen ist, findet sich vielleicht eine Lücke für ein Pult an der Wand. Eine Ablage für die Dinge, die aus den Manteltaschen kullern, wenn man heimkommt. Ein Wandpult ist schnell gebaut. Ein Regalbrett mit zwei Stützen. Fertig! Oder man lässt die Blicke auf dem Flohmarkt schweifen. Das hier ist eine uralte hölzerne Kehrschaufel. Weiß gestrichen. Das Loch zum Aufhängen brachte sie dankenswerterweise gleich mit.

Den Flur lächeln lassen …

Der Flur unseres Zuhauses ist wie eine Bewerbungsmappe. Man öffnet die Tür für Gäste und wünscht sich, dass Flur und man selbst einen guten Eindruck machen. Unser Zuhause soll zeigen, wer wir sind. Schön, wenn der erste Eindruck ein fröhlicher ist und ein bisschen etwas über seine Bewohner verrät. Es ist nicht schwer, einen Flur zum Lächeln zu bringen. Und wenn der Flur lächelt, dann lächeln die, die eintreten, auch.

Oval ist die Geheimformel für Eleganz! Die schwierigsten Wände lächeln milde, wenn man ihnen ein Oval anhängt. In ovalen Bilderrahmen sieht man sogar auf solchen Fotos gut aus, die nicht unbedingt unsere Schokoladenseite zeigen. Praktisch und schön sind ovale Tafeln im Flur! Platten, die mit Tafelfarbe gestrichen sind, sind herrliche Memoboards. Was viele nicht wissen: Tafelfarbe kann man mischen.* Experimentieren Sie, bis Sie einen Farbton gefunden haben, der Ihrem Flur steht.

Postkarten sind als Wandschmuck noch unentdeckt, dabei haben sie genau das richtige Format für kleine Flure. Stöbern Sie nach antiken Karten von besonderen Orten. An die Wand dürfen aber nur Motive, die Ihnen etwas bedeuten. Die Heimatstadt, die Berge, das Meer. Sammeln Sie ein bisschen und halten Sie Ausschau nach mehreren gleichen Rahmen, um Ihre Postkartenschätze schön grafisch aufzuhängen.

SCHLAU

Lassen Sie sich nicht erschrecken. Je hässlicher der Rahmen ist, desto billiger können Sie ihn auf dem Flohmarkt bekommen. Mit Farbe wird in wenigen Minuten ein Schmuckstück daraus. Einfache Acrylfarbe funktioniert gut auf kleinen Rahmen, oder noch besser: Wandfarbe. Die ist preiswert, und man kann Reste aufbrauchen.

schön

Die Rückwand im Rahmen muss nicht immer aus Pappe sein. Ein zweites Glas geht auch. Das gibt Leichtigkeit und ist doppelt schön, wenn die Wand darunter in einem warmen Farbton gestrichen ist.* Wir haben mit einer Sammlung von vierblättrigen Kleeblättern begonnen, die wir selbst gefunden haben. Es sind leider erst zwei, aber wir suchen weiter. Schöne Postkarten übrigens auch!

Kleinen Rahmen einen großen Rahmen geben. Spart Löcher an der Wand und zaubert einen tollen Effekt. Die Rähmchen wurden mit Wandfarbe gestrichen.* Auf der Leinwand dahinter ist der gleiche Farbton mit Weiß um ein paar Nuancen aufgehellt worden.

Garderobenständer sind wunderbar. Allerdings erfordern sie ein wenig Geschick im Umgang. Ein Garderobenständer, auf dem sich die Winterjackenkollektion einer ganzen Familie türmt, entwickelt sich zu einem Koloss, der ständig umfällt. Wer aber mit ein wenig Disziplin an die Sache herangeht, der empfindet den praktischen Hakenständer meist als Segen, weil er so mobil ist. Kommen mehrere Gäste, wird der Garderobenständer zur Seite gestellt, und schon ist mehr Platz im Flur für die Begrüßung. Sind abends alle zu Hause, schiebt man ihn vor die Eingangstür und kann die Klotür leichter öffnen.

Gute Schuhe brauchen gute Behandlung. Sie brauchen Pflege und Schuhspanner. Schuhe mit hochwertigen Spannern aus Holz sind so schön anzuschauen, dass man sie sogar öffentlich im Flur präsentieren kann. Und wer auf dem Flohmarkt so schöne, riesige Garndocken gefunden hat wie ich, kann sogar Stiefel oder Boots kopfüber darauf abstellen. Sieht schön aus und hat noch einen Zusatznutzen. Übrigens lässt sich alles, was aus Holz ist, mit ätherischen Ölen beträufeln und parfümiert ganz sanft das Schuhwerk.

Wer ein Eckchen zum Aufstellen einer mittelgroßen Tonne mit Deckel findet, der gehört zu den glücklichen Flurbesitzern. Bei uns gibt es ein solches Getüm. Wir nennen es die Flipflop-Tonne. Einst arbeitete sie in einer Apotheke, und es wurden getrocknete Kräuter darin gelagert. In unserer Tonne verschwindet im hohen Bogen alles Schuhwerk, das knautschen darf. Turnschuhe, Flipflops, Einlegesohlen. Deckel drauf! Aufgeräumt. Man findet solche Tonnen auf eBay. Aus fester Pappe oder aus Holz.

Das Flurgesetz

Das Gesetz des Flures findet täglich und weltweit Anwendung. Bei mir kann man es ab Sonntagnachmittag live beobachten, denn samstags gehe ich meist auf den Flohmarkt. Bei meiner Rückkehr bringe ich für gewöhnlich Beutestücke mit. Die kleinen landen – sofern es das Material erlaubt – sofort in der Spülmaschine, die großen werden im Flur zwischengeparkt. Dann nimmt der Samstag Fahrt auf, und ich muss schreiben, kochen, Haare waschen. Vielleicht lasse ich mir einfallen, ein Brot zu backen ... Und wenn ich lieben Gästen am Sonntag die Tür öffne, dann finden sie mich hinter dem taubenblauen Melkschemel und den vier Bilderrahmen, gleich neben dem alten Lampenfuß ohne Kabel. Das ist das Flurgesetz! Alles, was nicht umgehend den Weg zum richtigen Platz findet, bleibt so lange im Flur stehen, bis man nur noch über die Terrassentür ins Haus kommt. Von Niederbayern bis New Hampshire – es ist überall das Gleiche. Kleinteile, die in Fluren herumstehen, werden nach wenigen Stunden unsichtbar. Man bemerkt sie erst wieder, wenn man darüber stolpert. Das wäre doch mal ein brauchbarer Vorsatz für Silvester: alles, was ins Haus geschleppt wird, umgehend am richtigen Platz abzulegen. Die, die das schaffen, sind für mich Helden.

Auch wenn es hohe Anforderungen an uns stellt, in kleinen Räumen Ordnung zu halten: Nichts sollte uns daran hindern, Flohmärkte aufzusuchen und Schätze zu heben. Wer mit einer gewissen Disziplin an die Sache herangeht, ist auch hier im Vorteil. Nehmen Sie nicht alles mit, was ein Schnäppchen zu sein scheint. Schärfen Sie Ihren Blick für die außergewöhnlichen Stücke. Denn wer so eines entdeckt, darf nicht zögern, auch wenn zu Hause der Flur klein und eng ist.

Wer auf der Jagd nach ungewöhnlichen Wohnstücken erfolgreich sein will, sollte sich das Flohmarkt-Abc an den Flurspiegel stecken!

A wie Ankunft so früh wie möglich
Das bringt den entscheidenden Vorsprung. Und wer sich früh einen Parkplatz am Eingang schnappt, der muss mittags seine Beute nicht kilometerweit schleppen.

B wie Blickkontakt herstellen und das Herz sprechen lassen!
Wenn man sich verliebt, weiß man es doch auch sofort und kratzt nicht am Lack oder schaut, ob die Beine wackeln.

C wie Clevere haben die Hände frei.
Wer nach Schätzen greifen will, ist als Rucksackträger im Vorteil. Perfekt ist, wer außerdem Zeitungspapier oder Küchenrolle dabei hat, um zerbrechliche Teile einzuwickeln.

Kräuter im Schuh

Wenn man ein Haus betritt, dann tut man das in aller Regel durch den Flur und mit allen Sinnen. Man hört, ob in der Stimme des Gastgebers wirklich Freude klingt. Man spürt, ob die paar Quadratmeter hinter der Tür einladend wirken, und sieht – hoffentlich rechtzeitig – die Schuhe hinter der Tür, bevor man über sie stolpert. Aber auch die Nase ist dabei, wenn ein Haus betreten wird. Das Aroma eines leckeren Mittagessens ist gewiss nichts, worüber sie zu rümpfen ist, aber nasse Schuhe oder nasser Hund sind nicht jedermanns Sache. Gerade in der winzigen Begrüßungsschleuse hinter der Haustür verfängt sich oftmals mehr als Frischluft.

Da, wo es schön aussieht, sollte es auch schön riechen. Das geht im Handumdrehen, wenn man den Flur mit einer Anzahl Leinensäckchen bestückt. Bei uns stecken Schuhe nämlich nicht in Schuhbeuteln, sondern die Schuhbeutel in den Schuhen. Wer die dampfenden Treterchen im Flur parkt, versenkt in jedem ein Beutelchen, und zur Belohnung herrscht im Flur ein Lüftchen wie ein Frühlingsmorgen.

Für die schwierigen Fälle gibt es mit Natron gefüllte Beutel, denn Natron zieht Gerüche an und bindet sie. Alle paar Wochen wird das Pulver ersetzt. Als Frischekick für den Abfluss im Bad reicht es dann allemal noch. Andere Beutel sind mit getrockneten Kräutern gefüllt. Lavendel ist schön und Rosmarin auch. Salbei und Duftgeranie sind wunderbar! Ich benutze alle Kräuter, die mein Garten hergibt. Die Ernte reicht für unsere Schuhbeutel bis zum nächsten Sommer.

Wo parfümieren Sie sich üblicherweise, wenn Sie das Haus verlassen? Im Bad? Welch schreckliche Vergeudung allerbester Ressourcen. Mein amtierendes Lieblingsparfum steht neuerdings auf dem Tischchen neben der Haustür. Bevor ich das Haus verlasse, sprühe ich ein bisschen. Hinters Ohr und auf die Haare, und da ich das nun im Flur mache, bleibt der Duft nicht ungenutzt im Badezimmer hängen. Ein bisschen bleibt im Raum und begrüßt mich, wenn ich heimkomme. Mein augenblicklicher Duftfavorit übernimmt übrigens noch eine Aufgabe. Er hilft mir, an mich selbst zu denken. Mein Parfum heißt »This Weekend«, und deshalb habe ich damit begonnen, immer freitags ein Memo für mich an den Flakon zu kleben.* Die Zettel erinnern mich daran, womit ich mir am Samstag eine Freude machen will. Letzte Woche stand auf dem Zettel: »Cappuccino am Odeonsplatz!« Schön war's!

Für das schnelle Wischerchen zwischendurch

Der Flur ist die Schmutzschleuse des Hauses. Ein schnelles Wischerchen zwischendurch ist hier öfter nötig als sonst wo im Haus. Wie gut, dass ich dafür keine Eimer mehr schleppen muss. Ich brauche nur einen trockenen Wischer, dem man Moppaufsätze anziehen kann, und eine Sprühflasche. In der Flasche mische ich Sprühreiniger für glatte Oberflächen und Wasser eins zu eins und dann neble ich den Boden ein. Mit dem Wischer drüber, Flur sauber! Mopp in die Wäsche, Sprühflasche in den Putzschrank, fertig! Noch ein Bonustipp gefällig? Den Mopp nie mit Weichspüler spülen, denn dann saugt er nicht mehr so gut!

SCHLAU

Ein Sprühputzmittel ist schnell selbst gemischt. Das ist besonders sinnvoll, wenn Tiere im Haus sind, denn dieser Mix enthält Isopropylalkohol, und der wirkt gegen Keime.

1 Tasse Wasser
1 Tasse Isopropylalkohol
½ Tasse weißer Essig
1 Spritzer Spülmittel

Mischen und in eine Sprühflasche füllen. Ist auch ein guter Allzweckreiniger für Küche und Bad. Aber Vorsicht, wenn Essig und Naturstein zusammenkommen! Die Säure kann den Stein verätzen. Das Spray reizt auch Schleimhäute und Augen und sollte – wie alle Putzmittel – unerreichbar für Kinder aufbewahrt werden.

Mixen Sie auch die Sprühflasche selbst! Viele Flaschen haben ein genormtes Gewinde. Und schlichte weiße Sprühköpfe kann man in Großmärkten einzeln kaufen. Putzprofis brauchen solche Ersatzaufsätze und decken sich dort damit ein. Und dann können Sie zum Beispiel aus einer Apfelsaftflasche plus Sprühmontur ein echtes Designerstück machen.

Fusselrollen sind ein Segen. Im Flur, wo Mäntel und Jacken wohnen, ganz besonders. Aber ich habe die klebrigen Rollen im ganzen Haus verteilt. Besonders attraktiv sind sie nicht, da können Kleiderbürsten mehr punkten, aber Fusselrollen sind nicht nur für Kleider da. Sie sind echte Alleskönner.

Wo hausen die Staubflocken besonders gern? Auf dem Lampenschirm. Fusselrolle!

Wo halten sich Kekskrümel und Kleinstzeug? In der Handtasche. Fusselrolle!

Was ist schneller zur Hand als der Staubsauger, wenn Zucker auf den Boden gerieselt ist? Fusselrolle!

Im Auto, im Badezimmer ... Und wenn ein Glas heruntergefallen ist und der Staubsauger winzige Glaspartikelchen nicht packt? Genau! Ein Hoch auf die Fusselrolle!

Küche

Wenn ich das Glück fotografieren sollte, dann würde ich ein Foto von meiner Küche machen. Wenn ich es komponieren sollte, dann wäre es eine Melodie aus den Atemzügen meines schlafenden Sohnes, und wenn mich jemand bitten würde, darüber zu schreiben, dann wären es nur wenige Worte:

Glück ist, wenn man beim Gebäck, das uns das Leben reicht, öfter die Schokoglasur sieht als die Krümel.

Die großen Dinge haben wir meist geschenkt bekommen, ohne dass wir einen Beitrag leisten mussten: Gesundheit, Frieden, ein Dach über dem Kopf. Viel zu oft ist aber der Blick auf die Schokoglasur verstellt durch lauter Buntwäsche, Einkaufsmarathon und Kleinkrieg im Büro. Niemand kann dauerlächelnd durch sein Leben schreiten. Aber wir dürfen die Fähigkeit nicht verlieren, all die kleinen Dinge zu sehen, mit denen das Leben unsere Mundwinkel nach oben ziehen will. In vielen Küchen schlummern Zutaten, die unseren Blick wieder richtig justieren. Und die besten davon verrate ich Ihnen. Kommen Sie, nehmen Sie einen Löffel und einen Notizblock mit!

Happymacher

Nicht nur die Liebe schleicht sich durch den Magen in unser Leben. Das Glück tut dies auch. Allerdings will das Glück auf Nummer sicher gehen. Es gibt sich nicht mit einem Weg zufrieden, um uns zu erreichen. Glück kann man auch riechen, schlürfen und auf Eis mit Sodawasser trinken.

Date

Happymacher zum Schlürfen

Dicker Kakao

Kakao ist bekannt für seine heilsame Wirkung auf die Seele. Kakao, der süß und dickflüssig aus der Tasse kriecht, ist der beste. Der Trick dabei: Stärke macht den Kakao sämig, und er fühlt sich auf der Zunge an wie flüssiges Konfekt. Das Rezept reicht für zwei Becher.

4 Esslöffel echte Trinkschokolade
2 Teelöffel Zucker
2 Teelöffel Mondamin
½ Liter Milch

Die trockenen Zutaten mischen und in einem Topf mit wenig Milch zu einem Brei verrühren. Restliche Milch dazugeben und unter ständigem Rühren erhitzen, bis der Kakao andickt.

Happymacher zum Riechen

Wer Zitrusfrüchte im Haus hat, ist gegen Trübsal aller Art gerüstet. Schon allein der Duft ist in der Lage, die Lachmuskeln unserer Seele zu kitzeln. Wir sollten deshalb keine Möglichkeit auslassen, Zitrusfrüchte in unseren Alltag einzubauen. Getrocknete Orangenschalen im Tee verfeinern milden Schwarztee oder schmecken pur als Wintertee mit Kandis, Zimtstange und Sternanis!

Hausgemachter Zitronenpfeffer lässt sogar Butterbrote lächeln. Zitronenschale abreiben, auf Backpapier auslegen und bei 70 Grad im Backofen trocknen. Holzlöffel in die Backofentür klemmen; das lässt die Feuchtigkeit entweichen, und die Schalen trocknen schneller. Gedörrte Schale mit grobem Pfeffer und grobem Salz mischen und in eine Pfeffermühle geben.

Hätte ich gewusst, wie einfach es ist, Orangenlikör herzustellen, hätte ich es früher ausprobiert: Die Schale von drei (Bio-)Orangen in Stückchen schneiden und in ein großes Deckelglas geben. Einen halben Liter Wodka dazu und fünf Tage reifen lassen. Spätestens wenn die Schalen die Farbe verlieren, ist die Mischung fertig. Abgießen und das Ganze von vorn beginnen. Frische Schalen von drei Orangen mit dem Orangenwodka übergießen, fünf Tage ziehen lassen, wieder abgießen. Aus einem Pfund Zucker und einem halben Liter Wasser Läuterzucker herstellen und lauwarm mit dem doppelten Orangenwodka mischen. Fertig!
Man kann den Likör auf unzählige Arten variieren und aromatisieren. Mit Zimtstangen, Zitronenmelisse oder Rosmarin. Toll ist auch Grapefruitlikör mit frischer Minze. Alle Zitrusfrüchte sind geeignet. Lecker mit Eiswürfeln und Mineralwasser und noch besser mit eiskaltem Wasser aus einem antiken Sodasiphon. Halten Sie Ausschau danach auf den Flohmärkten.

Karo wärmt!

Wenn die Küche kalt bleibt, dann heißt das nicht zwangsläufig, dass es abends nur Schnittchen gibt. Gemeint ist häufiger, dass bisher jeder Versuch gescheitert ist, der Küche Wärme zu verleihen. Aber es ist immer möglich, aus einer Küche einen einladenden Ort zu machen. Eine Küche, die so aussieht, wie frische Waffeln schmecken: warm und gut!

Klarheit

Wird eine Küche gemütlich, wenn man möglichst viele lustige Dinge hineinstellt? Nein! Nur weil die Tassen Blümchenmuster haben und an den Türgriffen Herzen baumeln, kommt noch lange nicht der Bergdoktor zu Besuch. Jede Küche braucht eine Aussage. Purismus oder Tante-Emma-Gefühl, Landhausstil oder Loftlook. Machen Sie sich bewusst, was Sie wollen, und dann zeigen Sie klare Kante. Ich empfehle einen Spickzettel für Ihren Kühlschrank. Schreiben Sie am besten in großen Buchstaben: »Die Küche wird nicht wärmer, wenn viel drin steht, nur voller!«

Karomuster sind zum Aufwärmen ganz wunderbar geeignet. Rot-Weiß und Blau-Weiß sind für viele Küchen wahrscheinlich zu bäuerlich. Aber Weiß und Mintgrün stehen jeder Küche. Es ist ein bisschen »Mädchenherz« und ein bisschen Pfefferminzgeschmack. Es gibt Karostoff und Karotapete. Mit abwaschbarer, selbstklebender Karofolie lässt sich besonders viel machen. Brotschneider aufpeppen zum Beispiel. Aber auch Vorratsboxen, Tischplatten, Pinnwände. Viele Küchenutensilien lassen sich damit auffrischen. Im Internet kann man aus Dutzenden Farbkombinationen und Karogrößen wählen.*

Aufgewärmte Suppe vom Vortag muss nicht zwangsläufig ein Freudenfest für den Gaumen sein. Auch aufgewärmte Beziehungen sind nicht jedermanns Sache. Mit einer aufgewärmten Küche liegen Sie aber immer goldrichtig. Wichtig ist hier, die Temperatur mit Bedacht zu erhöhen, um Überhitzung zu vermeiden.

Küchenverbot für hässliche Flaschen

Wer aufmerksam in die Supermarktregale schaut, der findet überall die herrlichsten Flaschen. Und zwar zum Nulltarif. Und weil weltweit inzwischen fast alles genormt ist, lassen sich die meisten Verschlüsse mit den meisten Flaschen aufs Allerschönste verheiraten. In meiner Küche bekommen sogar die Aufsätze vom Spülmittel ein zweites Leben. Ich mache daraus tolle »Dröppelflaschen« für Sojasauce und flüssigen Süßstoff und alles andere, was man nur tröpfchenweise braucht. In Läden, in denen Barkeeper kaufen, gibt es meine Lieblingsausgießer.* Damit lassen sich alte Kakaoflaschen so sehr aufhübschen, dass sie sogar schön genug sind für den Abendbrottisch.

Die schönsten Ausgießer finde ich in Supermärkten in den USA! Am coolsten finde ich die weißen Badewannenstöpsel, die sind – wie man sieht – nicht nur in der Wanne nützlich.

Ein bisschen Tante-Emma-Laden-Gefühl kann sogar Küchen gemütlich machen, die so leer sind, dass darin die Schritte hallen. Alte Gewürzaufsätze mit Glasschüben oder Vorratsgläser vom Flohmarkt vertragen sich erstaunlicherweise mit jedem Küchenstil. Mein Geheimtipp sind die Gläser der Firma Ball! Sie wärmen jede Küche auf, weil sie aussehen, als hätte schon Doris Day ihre Haferflocken darin bevorratet. Es gibt sie in unzähligen Größen und Formen, und der Look ist seit Jahrzehnten unverändert.* In den USA gibt es sie in jedem großen Supermarkt, und sie sind einer der Gründe für mein chronisches Übergepäck auf jedem Heimflug. Aber sie sind jedes zusätzliche Kilo wert.

Drehen Sie am Rad! Alte, drehbare Tortenteller sind auf Flohmärkten Ladenhüter, weil sie oft Bemalungen haben, die nur unerschrockene Fifties-Lover mögen. Drehbare Teller sind aber echte Schätze für die Küche, weil sie die herumstehenden Kleinteile so schön ordnen. Die Drehteller sind ruckzuck verschönert, wenn man ihnen mit selbstklebender Folie auf die Platte rückt. Oder man schneidet ein Stück Wachstuch passend aus und befestigt es mit doppelseitigem Klebeband. Wichtig! Keine lösemittelhaltigen Kleber verwenden; die zerstören die Plastikschicht. In den USA heißen Drehteller »Lazy Susan«. Ich liebe sie in und auf meinen Schränken. Schlichte Exemplare aus Holz gibt es auch; neu zu kaufen und auf Flohmärkten. Sie sind in wenigen Minuten weiß gestrichen, und schwupps! ist die Küche wieder um ein paar Grad wärmer.

Küchenvergrößerer

Wie sieht die Küche unserer Träume aus? Puristisch mit Betonplatte oder verspielt mit Eichendielen? Edelstahl oder Blümchenvorhang? Egal was gefällt, in einem sind wir uns sicher einig: Unsere Traumküche soll groß sein. So groß, dass unser Geschirr luftig gestapelt in hübschen Regalen steht und wir nicht mit jedem Kompottschüsselchen Tetris spielen müssen. So groß, dass die Sonne von morgens bis abends ein Fenster findet, durch das sie scheinen kann.

Sie sagen, Ihre Küche ist nicht größer als ein durchschnittliches Hotelbadezimmer? Macht nichts! Denn wenn die Küche nicht groß ist, dann müssen wir dafür sorgen, dass sie sich größer anfühlt.

Schranktüren sind lästig, vor allem in sehr schmalen Küchen. Die Lösung: Regale unter der Arbeitsplatte mit Vorhängen davor. Ist preiswert und lässt Raum für Abwechslung, denn ein Vorhang lässt sich schnell auswechseln, wenn einem der Sinn nach neuer Farbe steht.

Was herumsteht, wird aufgehängt. Es spart enorm Platz, wenn man Dinge unter die Decke hängt. Sogenannte Speckkronen machen sich gut in jeder Küche, und man kann viel Gerät daran und darauf unterbringen. Es muss aber nicht immer eine Speckkrone sein. Wäscheablagen aus Omas Waschküche sind auch sehr schön.

Ein großes Essen in Liliputküchen zuzubereiten kann Köchin und Küche schnell an die Belastungsgrenze bringen. Das muss nicht sein, wenn man ausreichend Bretter im Haus hat. Herausgezogene Schubladen sind nämlich eine hervorragende Stellplatzreserve. Passende Bretter lässt man sich im Baumarkt zuschneiden, und je nach nutzbarer Schubladenzahl vergrößert sich die Küche ganz enorm.

Time to say goodbye:

Elektroschrott aller Art: weg damit. Sie sollten nur dann mit elektrischen Dosenöffnern und Tranchiermessern zusammenwohnen, wenn eine Muskelschwäche Sie dazu zwingt. Ansonsten entlarven Sie derlei Geräte als das, was sie in Wahrheit sind: Platzfresser. Den meisten fällt es schwer loszulassen. Mein Tipp: Fangen Sie mit dem abgelaufenen Kartoffelpüree an und arbeiten Sie sich langsam zu den Dingen durch, die möglicherweise an Ihr Herz greifen. Die erste Tüte für den Wertstoffhof ist die schwerste. Danach werden Sie mutiger und in Zukunft werden Sie jubeln, wenn Sie Ihre Kuchenteller finden, ohne den Eierkocher zur Seite räumen zu müssen.

Türfüllungen aus alten Schränken. Mit einem frischen Anstrich sehen sie wunderbar aus, und die Maße sind meist perfekt, um den üblichen Fliesenspiegel zu verstecken. Oft reichen Montageklebestreifen, um die Holzplatten vor den Fliesen zu halten. Wer die Platten auf der einen Seite weiß und auf der anderen mutig in seiner Lieblingsfarbe streicht, kann nach Lust und Laune drehen und blitzschnell Abwechslung in die Küche bringen. Türfüllungen gibt's auf eBay oder bei Haushaltsauflösungen.

Nur Vermieter mögen Küchenfliesen

Meine Freundin Leonie hat Glück gehabt. Drei Zimmer, Küche, Bad, bezahlbar und mit Tiefgarage. Leider auch Baumarktarmaturen, Spartürklinken und muschelgrau gesprenkelte Küchenfliesen. Der Vermieter hat sich auf das Wesentliche konzentriert. Nicht weniger, aber auch kein bisschen mehr. Praktisch und preiswert. Aber die meisten Dinge, an denen das Herz des Vermieters hängt, können im Keller gelagert und durch schönere ersetzt werden. Kacheln an der Küchenwand sind eine größere Herausforderung, aber kein unlösbares Problem.

Generell gilt: Fliesen sind kein Muss mehr. Es gibt unzählige Materialien, die auf die Wand geputzt oder gerollt werden und verlässlich vor Spritzwasser schützen. Auch hinter dem Herd gibt es bessere Lösungen als Kacheln. Wenn aber das Auge des Vermieters über die Fliesen wacht, dann müssen Ideen her. Es gibt eine ganze Reihe sehr wirkungsvoller Verwandlungen, die äußerst hübsch, äußerst praktisch und äußerst preiswert sind.

Hackbretter. Auf eBay sind große Arbeitsbretter aus alten Bäckereien leicht zu finden. Und ich meine wirklich große Kuchenbretter. Keine Brettchen für Anfänger. Mehrere davon auf die Küchenarbeitsplatte stellen. Weiß streichen oder im Naturton lassen. Sieht toll aus und lenkt den Blick von den Kacheln ab. Praktisch obendrein, denn zum Brotschneiden oder Teigausrollen lehnt das richtige Arbeitsgerät stets an der Wand.

Lochbretter kann man sich im Baumarkt auf Maß schneiden lassen. Sie kosten nicht mal 10 Euro pro Quadratmeter. Am besten wasserabweisend streichen, weil das Material quellen könnte, wenn es mit zu viel Feuchtigkeit in Berührung kommt. Das Beste: Mit Haken kann man praktische Parkplätze schaffen für herumvagabundierende Kleinteile in der Küche. Entweder schöne alte Aufhänger nehmen oder spezielle Lochbretthaken aus dem Baumarkt. Die werden nur eingeklemmt und können mit einem Handgriff umgehängt werden.

Warum habe ich das nicht immer schon so gemacht?

Kalte Brötchen auf dem Frühstückstisch? Wachsmalkreide am Wohnzimmerschrank? Das Leben würde sich viel einfacher anfühlen, wenn man stets wüsste, dass die Herausforderungen des Alltags in Wahrheit gar keine sind. Und das Beste: Die meisten Problemlöser wohnen bereits seit Jahr und Tag in Ihren Schränken. Sie haben sie bisher nur noch nie um Hilfe gebeten.

Motten mögen kein Kaugummi! Abgesehen davon, dass getreidehaltige Lebensmittel mottensicher und am schönsten in Glascontainern aufgehoben sind, verirrt sich dennoch manchmal eine Lebensmittelmotte im Küchenschrank. Damit daraus keine Mottenfamilie wird, müssen abschreckende Maßnahmen ergriffen werden. Wirkungsvoll sind Kaugummistreifen, die an ein paar Stellen im Vorratsschrank verteilt werden. Pfefferminz mögen Motten nämlich gar nicht.

Pfefferminzgeruch hilft übrigens auch gegen Zwiebelfinger! Nach dem Zwiebelschneiden einen Klecks Zahnpasta auf den Fingerspitzen verreiben, und die Frische kehrt zurück. Funktioniert übrigens auch bei müffelnden Schneidebrettchen.

Kühlschränke mögen Deo! Selbst Kühlschränke, die bei Liebhabern würziger Käsesorten Dienst tun, können müffelfrei sein. Ein Kühlschrankdeo ist schnell gemacht. Sie müssen nur einem Glas mit perforiertem Deckel zu einem Dauerplatz im Kühlschrank verhelfen. Wo nicht die feinen Exemplare von »Ball« zur Hand sind,* reicht auch ein Marmeladenglas. Einfach Löcher in den Deckel pieksen! Baking Soda einfüllen und alle paar Wochen erneuern. Gerüche ade!

Brötchen haben es gern warm. Und manchmal liegt der Unterschied zwischen warmen und ausgekühlten Brötchen nur in 40 Zentimeter Alufolie. Die reichen nämlich, um einen normal großen Brotkorb damit auszukleiden. Stoffserviette darüber, Brötchen rein und mit den Zipfeln der Serviette zudecken. Die Folie gibt die Wärme zurück ins Körbchen, und die aufgebackenen Brötchen bleiben länger warm.

Preisschild an der neuen Vorratsdose? Auf dem Honigglas? Dem Messbecher? Wen es nicht stört, der lässt es kleben und hofft, dass es sich irgendwann in der Spülmaschine verabschiedet. Die anderen nehmen Mayonnaise. Mayo auf dem Sticker einwirken lassen, und nach zehn Minuten lassen sich Papiersticker mühelos abziehen. Bei Aufklebern aus Plastik macht die Mayo leider schlapp, die schafft nur ein scharfer Etikettenentferner.

Wasserflecken auf Holz? Mayo drauf und mit einem weichen Lappen kreisend einmassieren.

Malerei mit Wachsmalstiften auf dem Vertiko? Die Mayo macht alles wieder gut. Mayonnaise auf das Kunstwerk, zehn Minuten einwirken lassen und abwischen.

Bei Wachsmalkreide an Wänden kommt wieder die Zahnpasta zum Einsatz! Paste auf einen Lappen und die Kreide von der Wand »massieren«. Funktioniert nicht mit Gelzahnpasta; es braucht Schleifpartikelchen. Sorten, die die Zähne weiß machen, sind perfekt für diesen Zweck.

Ein zweites Leben für Konservendosen

Bei uns gibt es die schnellsten Schokoerdbeeren der Welt. Oder Schokobananen! Vollmilch, Zartbitter, weiße Schokolade? Alles gleichzeitig? Kein Problem. Und warum kann ich das so blitzschnell? Weil Konservendosen bei uns noch eine Runde arbeiten, bevor sie im Müll landen. Ich habe immer leere, saubere Dosen parat, und wenn wir Lust auf Schokobananen haben, dann stelle ich eine Dose in einen Topf mit Wasser und schmelze Schokolade. Obst wird am Spieß in die Schokolade getaucht und auf Papierförmchen abgelegt. Schmeckt lecker, ist fast sündenfrei und macht null Kleckserei. Wenn die Schokolade aufgetunkt ist, muss ich keine Töpfe schrubben. Ich verabschiede mich auf Nimmerwiedersehen von der Konservendose, und meine Küche ist sofort tipptopp aufgeräumt.

Brot backen in Dosen ist wunderbar, weil es hinterher viel weniger abzuspülen gibt und die kleinen Brote herrlich aussehen in ihrem Dosenmantel. Außerdem gibt es kein Gezerre, weil etwas in der Form festklebt. Wenn das fertige Brot auf den Tisch soll, schlitzt man den Dosenboden mit dem Büchsenöffner auf und schubst das Brot von unten heraus. Fertig! Funktioniert großartig mit Hefeteig für süße Brote und sogar mit Sauerteig für Vollkornliebhaber.

KAFFEE
ZUCKER

Kerzen mit Herzen

Leere Konservendosen können noch viel mehr. Sie sind auch freie Mitarbeiter in meiner hauseigenen Duftkerzenfabrik. Denn sie helfen mir, Wachs zu schmelzen, ohne gleichzeitig Küche und Töpfe zu verwüsten.

Ich bin ein erklärter Fan von kostbaren Duftkerzen. Sie tun meiner Seele gut! Bedauerlich ist nur, dass der Docht am Ende oft verglimmt und einen wohlriechenden Wachsrest ungenutzt zurücklässt. Neuerdings gebe ich Sojawachs- oder Stearingranulat* mit den Resten meiner teuren Duftkerzen in eine leere Konservendose, schmelze alles im Wasserbad und gebe je nach Laune noch etwas ätherisches Öl dazu. Die Dochte gibt es mit eingebautem Standfuß fertig zu kaufen.* Zwei Wäscheklammern halten den Docht im Kerzenglas in Schach, solange das Wachs flüssig ist – und fertig ist die neue Duftkerze.

Als Gefäß für die neuen Duftkerzen kommt fast alles infrage. Alte Tassen vom Flohmarkt, Joghurtgläschen, Senfgläser und natürlich die leeren Behälter der teuren Duftkerzen. Denn auch Gläser freuen sich über ein zweites Leben. Bei uns dürfen alle noch einmal zeigen, was sie draufhaben. Wer die Wachsgießerei nicht mag, der kann ausgediente Gläser trotzdem nutzen. Eine fertige Votivkerze hineinstellen und dem Glas einen Plätzchenausstecher um den Hals binden. Sofort wird ein schönes Geschenk daraus. Herzen sehen an Gläsern besonders schön aus, aber auch ein Blechhund für einen Hundefreund, ein Pilz für einen Glückspilz und Hasen zu Ostern!

Auch Gläser kann man aufbacken

Wurstgläser, Saftflaschen, Gläser für Tomatensauce ... Altglascontainer? Sie ahnen es: Nein! Man kann Glas lackieren und den Anstrich bei 160 Grad im Backofen spülmaschinenfest »backen«.* Es gibt jede Menge Farbtöne, und sie sind sogar untereinander mischbar. Mit einem superweichen Pinsel ist der Anstrich eine Sache von wenigen Minuten. Wer ruhige Farben wählt und vorhandene Deckel gleich Ton in Ton mitstreicht, macht aus Gläsern von Wurstkonserven schöne, pastellige Blumentöpfe und aus Müll Designflaschen und Designgewürzgläser. Homemade Design!

Oft haben Konservengläser eine hübsche Form. Leider wird auf den Deckeln meist für Bockwurst oder Mayonnaise geworben. Die Lösung: Glasfarbe auf die Deckel streichen und spülmaschinenfest aufbacken. Eine tolle Sache für die Marmeladensaison, weil einfache Gläser so mit wenigen Pinselstrichen gutaussehend und geschenketauglich gemacht werden können.

Wer Deckeln nicht nur eine ansprechende Lackierung, sondern auch noch einen attraktiven Griff verpasst, der spielt in der Oberliga des Konservengläsertunings. Im Baumarkt oder im Handel für Restaurierungsbedarf gibt es Schubladenknäufe aus Holz oder Porzellan in verschiedenen Größen. Mit einem Dosenpiekser macht man mittig ein Loch in den Deckel und schraubt den Knauf von unten fest.

Und weil Sie nun alle Hingucker für Fensterbank und Gewürzregal selber machen, müssen Sie nicht mehr bei Wind und Wetter raus zum schwedischen Einrichter. Außer Sie brauchen eine Tragebox für Ihre neuen, schönen Sachen. In vielen Möbelmärkten gibt es Pappkartons mit Griff gratis dazu, wenn man Gläser oder Flaschen kauft. Ich habe die Boxen stets ins Altpapier gegeben, bis ich auf die Idee kam, sie mit Stoff zu beziehen. Nicht so stabil wie die Kollegen aus Holz, aber wenn man den Boden mit extrastarker Pappe verstärkt, sind diese Trageboxen sehr brauchbar.

Antizyklische Marmelade

Zu einem guten Frühstück gehört Marmelade! Selbst gemachte Marmelade. Farblich oft nicht so ansprechend, weil sie ohne optische Aufhübscher auskommen muss, aber dafür wohnt meine Marmelade in schöneren Gläsern als ihre käuflichen Schwestern. Am allerliebsten mögen wir Erdbeermarmelade. Wenn nur nicht jedes Jahr alle zur gleichen Zeit Erdbeermarmelade kochen würden! Der Gelierzucker ist immer dann ausverkauft, wenn ich welchen brauche, und ständig bange ich, ob ich den Zeitpunkt für die besten Erdbeeren schon verpasst habe. Schluss mit dem Stress! Keine schweißtreibenden Riesenproduktionen mehr. Ich mache Erdbeermarmelade nur noch dann, wenn die Früchte mich anlachen und ich die passende Zeit zum Einkochen habe. Ein paar leckere Gläschen, und wenn der Vorrat nur bis Weihnachten reicht, dann koche ich antizyklische Marmelade. Die kann ich machen, wann ich will, und nicht, wann ich muss!

Viele Marmeladensorten sind das ganze Jahr machbar, denn die Früchte gibt es immer. Ananas, Orangen, Trauben. Das Rezept ist so einfach, dass man es im Kopf hat, und obendrein ist es für alle Obstsorten gleich.

Man nimmt das geputzte, geschnittene Fruchtfleisch und püriert es im Mixer.*
Dann jeweils einen drei viertel Liter Fruchtmus abmessen, mit einem Päckchen Gelierzucker »2plus1« vermischen und über Nacht kalt stellen. Das ist wichtig, weil es die Nachtschicht ist, die den Früchten die Aromen herauslockt. Dann wie üblich aufkochen und in Twist-off-Gläser füllen. Fertig!
Für die Traubenmarmelade nur kernlose Trauben verwenden. Man kann auch antizyklisches Gelee machen. Dazu nimmt man statt Fruchtmus reine Natursäfte, am besten aus dem Bioladen. Orangensaft, Traubensaft, Apfelsaft. Super einfach und sehr lecker!

Wohnzimmer

Schätzen Sie mal! Wie viele Stunden pro Woche verbringen Sie entspannt in Ihrem Wohnzimmer? Ich meine wirklich sorglos entspannt. Kein hektischer Zwischenstopp nach dem Staubsaugen und vor der Bügelwäsche. Ich meine vertrödelte Stunden, in denen Sie lesen, Pralinen naschen, Fernsehen gucken oder Rotwein trinken. Na?

Und wie viele Stunden haben Sie in der letzten Woche damit verbracht, in Ihrem Wohnzimmer herumzudekorieren, Katzenhaare von den Polstern zu bürsten, die Scheiben der Vitrine zu polieren und alte Zeitschriften auszusortieren? Genau!

Sie haben gewiss ein Schlafzimmer ... Und was tun Sie da die meiste Zeit? Eben! Und in Ihrem Badezimmer? Ganz genau!

Nehmen Sie Ihr Wohnzimmer doch endlich als das, was es ist! Wäre sein Sinn ein anderer, würde es vielleicht Einrichtungszimmer heißen oder Putzzimmer. Denken Sie daran, wenn Sie das nächste Mal hastig Blumen arrangieren und Sofakissen schütteln. Sie haben ein WOHNzimmer!

Gewohnheitsbewohner

Wer sein Wohnzimmer mit den Augen abwandert, der entdeckt sie sofort: die Gewohnheitsbewohner. Möbel und Dinge, mit denen wir nur deshalb zusammenleben, weil wir sie schlicht nicht mehr wahrnehmen. Die Gläser von Tante Hanne zum Beispiel. Sie belegen einen Vitrinenplatz in der ersten Reihe, obwohl der Tantenbesuch Jahre zurückliegt. Schöner geworden sind die grässlichen Kelche seitdem nicht, aber sie rühren sich nicht vom Fleck. Der Couchtisch ist vom gleichen Schlag. Steht mitten im Raum, ist meist zu groß und eigentlich von Anfang an ungeliebt, aber es war auf die Schnelle nichts Besseres zu finden. Steht irgendwo geschrieben, dass er jahrelang bleiben muss, nur weil sich kein anderer Platz für die Fernbedienung findet? Ein gepolsterter Hocker vor dem Sofa ist die eindeutig bessere Lösung, weil er weit weniger Platz einnimmt als ein Tisch. Montags bis freitags liegen abends gemütlich die Füße darauf, und am Wochenende, wenn Gäste kommen, wird mithilfe eines großen Tabletts ein Tisch daraus.

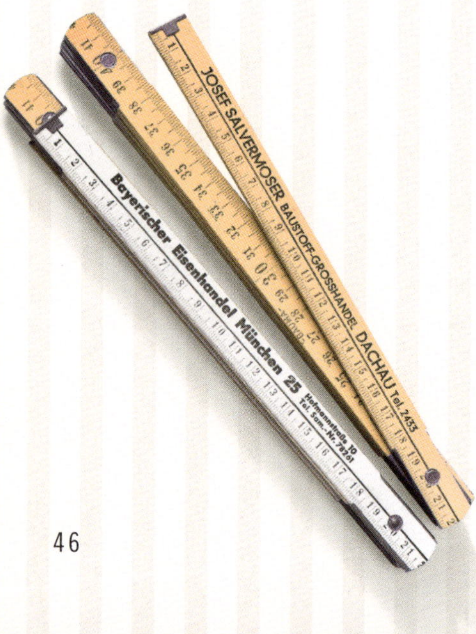

Und dann gibt es noch die »Das-ist-erst-mal-für-den-Übergang-Schränke«. Irgendwelche, worauf der Fernseher stehen kann, ein Asyl für Tischdecken und Brettspiele und ein Schrank für das Geschirr. Und irgendwann geht es im Wohnzimmer zu wie bei einem süditalienischen Familienfest. Alle Möbel reden durcheinander und keines kommt mehr richtig zu Wort. Was würden Sie als Gastgeber des Familienfestes tun? Richtig! Sie würden die Sitzordnung ändern. Die Gartenfreunde als Grüppchen und die, die sich gern über ihre Gallensteine austauschen, an die andere Seite der Tafel. Sobald die Gäste nicht mehr quer über den Tisch rufen, kehrt Ruhe ein. Genauso ist es auch mit Ihrer Einrichtung. Wenn Möbel nicht durcheinanderquasseln, kommt Ruhe in den Raum.

Das Auge wohnt am liebsten mit geraden Linien. Schränke oder Sofas, die diagonal stehen, lösen meist den Reflex aus, etwas geraderücken zu wollen. Schwere Möbelstücke wirken noch wuchtiger, wenn sie in der Ecke stehen müssen. Nur in wirklich riesigen Räumen kann es eine schöne Spannung erzeugen, wenn man Zimmerecken »abschneidet«.

einfach

Der wirkungsvollste Tipp ist zugleich der einfachste: Abstand halten! Der Sessel will einen entsprechenden Abstand zum Sofa und das Sofa zur Geschirrvitrine. Im Grunde ist es so wie in der U-Bahn. Wenn sich zu viele ins Abteil quetschen, fühlt man sich unwohl. So geht es Ihren Möbeln auch.

Türklinken gibt es auch in schön. Fußleisten auch. Ebenso Lichtschalter und Steckdosen. Geben Sie Ihren Augen keine Chance, sich an Scheußlichkeiten zu gewöhnen, denn sonst werden Sie sie nicht mehr los. Es macht einen großen Unterschied, wenn Baumarkttürgriffe und Billiglichtschalter gegen hochwertige Exemplare ausgetauscht werden. Tun Sie sich was Gutes, investieren Sie in schön!

Sofa statt Thermostat

Mein Sofa im Wohnzimmer kann die Raumtemperatur regeln. Im Sommer kühlt weiße duftende Baumwolle, im Winter wärmt steingraues Leinen. Die Farben und das Material regeln die gefühlte Raumtemperatur, ohne dass ich am Thermostat der Heizung drehen oder den Ventilator anwerfen muss.

Streichen Sie das Wort »Sofakissen« aus Ihrem Sprachgebrauch. Benutzen Sie doch einfach Kissen! Kleine Kissen, große Kissen, Knuddelkissen und vor allem Kopfkissen! Wer sagt, dass die nichts auf dem Sofa zu suchen haben? Kopfkissenbezüge aus Leinen* passen wunderbar auch ins Wohnzimmer und sie haben den perfekten Kuschelfaktor für einen gelungenen Fernsehabend.

Mit alten Ansichtskarten lassen sich auch Stoffe bedrucken. Wer nähen kann, drapiert in Zukunft seine Urlaubshighlights auf der Couch oder schaut bei meiner Freundin Anne vorbei. Die macht aus meinen Postkarten wunderschöne Kissen.*

Für den Jahreszeitenlook eignen sich Sessel und Sofas, deren Grundpolster aus »schwerem« Material wie Leinen oder Samt ist.* Als Polsterfarbe kommt alles infrage, was Sie als wärmend empfinden. Weinrot, tiefes Blau, alle dunklen Grau- und Brauntöne. An den Wänden kein reines Weiß verwenden, weil das beim Sommerlook leicht »klinisch« wirken kann. Besser ein Weiß, in dem eine Portion Grau – oder wie hier – sogar eine Portion Grün schlummert.* Sobald es draußen warm wird, lassen Sie die Winterpolster unter Hussen verschwinden. Es gibt nichts Schöneres als schneeweiße Baumwolle auf den Polstermöbeln, wenn es draußen heiß ist. Und das Beste: Jeder darf mit Schokoladeneis kleckern, weil man die Hussen bleichen und in die Kochwäsche stecken kann.

Für schöne Hussen braucht man vor allem eines: den Mut anzufangen! Es kann eine Weile dauern, bis die Husse sitzt, denn jedes Sofa, jeder Sessel hat andere Kurven. Deshalb hilft hier nur beherztes Ausprobieren und eine liebe Freundin, die beim Schnittmusterabnehmen hilft.

SCHLAU

Billiger Stoff reduziert die Angst, etwas falsch zu machen. Verwenden Sie Bettwäsche, die ausgemustert werden soll, oder Meterware vom Schweden, wenn Sie Ihre ersten Hussen-Versuche starten.

Mach was aus mir!

Bei vielen von uns ist der Platz vor der Küchenspüle der Ort für fatale Irrtümer. Unter der Spüle verstecken nämlich die meisten ihren Mülleimer und dort gehen sie hin, die Schätze für unser tägliches Wohnen. Missachtet und unterschätzt. Aus dem Haus geschickt mit den Worten: »Brauch ich nicht«, wie ein Vertreter für vorgekochte Tiefkühlkost. Die wahren Schätze landen kartonweise auf dem Wertstoffhof und auf Flohmärkten bleiben sie unbeachtet liegen, weil sie nicht laut genug rufen: »Mach was aus mir!« Doch die Zeiten ändern sich. In Zukunft werden Sie derlei Wohnschätze festhalten und, wo Sie sie finden, an Ihr Herz reißen. Denn wer angefangen hat, wahre Schönheit zu erkennen, dem sagen die Dinge auch, was man daraus machen kann! Und wenn sie nicht laut genug zu Ihnen sprechen, dann haben Sie ja noch mich!

Von Omas altem Kronleuchter sind nur noch Reste da? Was Sie nicht schmerzt, weil Sie das Ding sowieso zu kitschig fanden? Darf alles ins Altglas, nur die Tropfteller nicht. Aufgelegt auf einfache Holzleuchter bekommt das Bling-Bling eine ganz andere Note: Der Kitsch ist weg, und fertig ist ein kostbares neues Wohnstück.

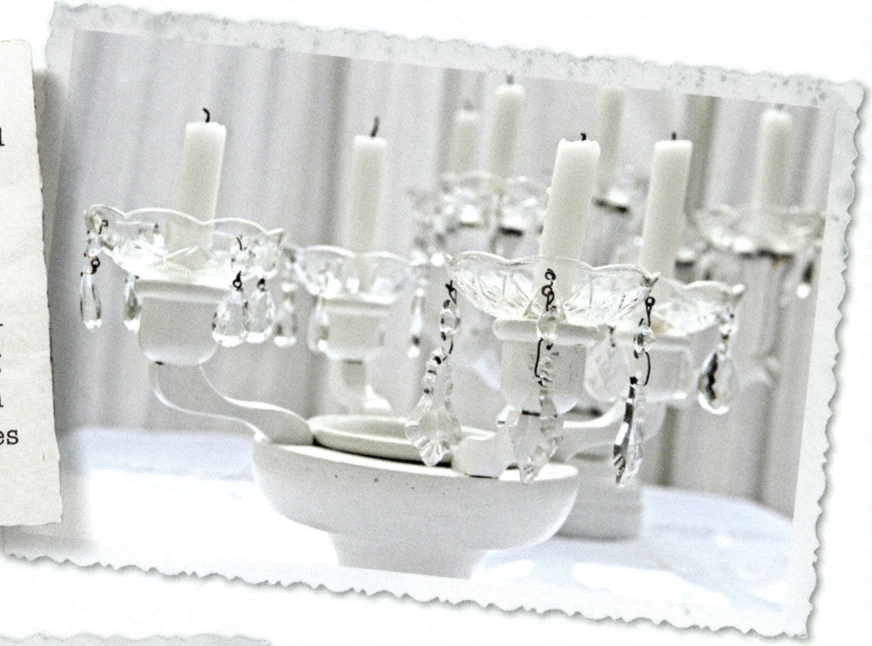

Alte Tischlampen haben oft brüchige Verkabelungen. Nicht immer empfehlenswert, sie ernsthaft zu benutzen. Eine neue Elektrifizierung ist teuer, ganz abgesehen davon, dass man kaum noch jemanden findet, der das macht. Muss das gute Stück deshalb in den Müll? Nein. Ziehen Sie ihm die Strippen raus und schon haben Sie einen tollen Kerzenleuchter.

Upcycling

Auf Flohmärkten und eBay sind sie reichlich zu finden: Weichholzmöbel. Einfache, gute Möbel. Sie berühren unser Herz mit ihrer Bescheidenheit und dem »Heidi-Gefühl«, das in den Schubladen schlummert wie ein Wurf Katzenbabys. Viele glauben, solche Möbel seien zu groß für eine Zwei-Zimmer-Wohnung. Lassen Sie sich nicht vom Holzton abschrecken. Sie werden sich wundern, wie schmal und klein die Dinge mit hellem Anstrich wirken. Weiß macht dunkle Möbel schlank und befördert sie augenblicklich ins Hier und Jetzt.

Arme Leute hatten früher kein Geld für teure Hölzer wie Eiche und Nussbaum. Sie haben ihre Möbel aus Hölzern zimmern lassen, die schnell wuchsen und deshalb billig waren, etwa Tanne oder Fichte. Gut für Sie, vor allem wenn Sie Streichanfängerin sind. Helle Weichholzmöbel lassen sich viel einfacher streichen als dunkles Hartholz. Der Lack haftet besser, er deckt besser, und es kommt seltener vor, dass sich der Anstrich verfärbt.

SCHLAU

Lassen Sie sich nicht umzingeln von halb fertigen Fundstücken und Möbeln, an die Sie sich nicht herantrauen. Das nimmt auf Dauer den Mumm und blockiert die Bereitschaft, mit einem Stück anzufangen. Fundstücke, die seit Monaten Ihre Garage blockieren, sind möglicherweise zu groß für Sie. Fangen Sie klein an, um Routine zu entwickeln. Bestens geeignet sind hölzerne Kerzenleuchter und Bilderrahmen.

Wunderbar! Ich habe auf dem Flohmarkt ein Fußbänkchen mit einer total kaputten Platte gefunden. Warum wunderbar? Weil keiner gesehen hat, welche Möglichkeiten noch in ihm schlummern, und darum hat es weniger gekostet als die Butterbrezel, die ich mir nach meiner Flohmarktrunde gern kaufe. Ramponierte Platten werden mit Schaumstoff ummantelt und dann mit Stoff bezogen. Ruckzuck wird so ein Polsterschemelchen daraus. Wer kein Polster mag, tackert ein Stück vom guten alten Wachstuch über die Platte. Fertig! Und schön!

Dein Glück blühe …

Wenn meine allerliebste Händlerin Jutta auf meinem allerliebsten Flohmarkt eine große Henkeltasse im Samstagssortiment hat, dann winkt sie mir schon von Weitem zu. Jutta weiß genau, wie viel Kitsch ich vertrage, bevor mir eine Tasse zu bunt wird, und sie teilt sogar meine Begeisterung für ausgeblichene Pastelltöne. Ich empfinde es als Ehre, dass sie nicht alle ihre Schätze für sich selbst behält, sondern mit mir teilt. Tassen, auf denen ein Name steht, haben es mir besonders angetan. Ich kann mir dann beim Frühstück Geschichten ausdenken, wer derjenige war, der einst aus dieser Tasse schlürfte. Bei mir gibt es »Mitzi« und »Johann« und sogar Mitbewohner mit Vor- und Zunamen. Eine davon ist »Maria Schmolln«. Marias Tasse ist schwer und rosa, und der Namenszug ist goldumrandet. Ich habe mir Maria immer als resolute Bäuerin vorgestellt, mit breiten Hüften und großer Oberweite. Ich konnte sie vor mir sehen, wie sie freitags aus Bergen von Hefeteig unzählige Weißbrotzöpfe flocht und das Eiergeld am Gatten vorbeischmuggelte, um sich davon von Zeit zu Zeit im Wirtshaus eine süffige Maß zu gönnen … Ich fürchte, ich muss ob dieser Gedanken dereinst in der Hölle schmoren!

Meine Maria-Schmolln-Tasse gehörte schon etliche Monate zu meinem Haushalt, als ich auf einem Flohmarkt eine zweite fand, auf der ihr Name stand. Der Tassenboden war gerissen, darum ließ ich sie stehen. Aber ich war erstaunt und erklärte mir die Dublette damit, dass Maria vielleicht genauso gern Tassen mochte wie ich und dass ihr der Gatte möglicherweise jedes Jahr zum Hochzeitstag eine ganz spezielle Maria-Schmolln-Tasse anfertigen ließ. Wie sich herausstellen sollte, war dieser Erklärungsversuch zwar überaus romantisch, aber leider auch überaus daneben. Als ich Wochen später wieder eine Tasse mit Maria Schmollns Namen fand, kamen ernste Zweifel auf. Unvorstellbar, dass die gute Maria so prominent war, dass vor hundert Jahren in ihrem Namen Fanartikel vertrieben wurden. Und dann bekam ich Post von zwei Leserinnen, die der Wahrheit ans Licht verhalfen: Maria Schmolln ist ein Wallfahrtsort in Österreich. Schade um Marias schöne Geschichten, aber schön, dass ich eine Tasse mit Segen habe.

Spielen Sie doch mal Flohmarktorakel! Ich liebe dieses Spiel. Es gibt Unmengen alte Haussegen, beschriftete Tassen und bestickte Tücher zu entdecken. Nehmen Sie den ersten Satz, den Sie auf einem Fundstück geschrieben sehen, als Ihr persönliches Orakel für die kommende Woche. Meine schönste Vorhersage stand auf einer Tasse, die ich kürzlich fand. »Dein Glück blühe« steht darauf. Besser geht es doch nicht, oder?

Dinge, die die Welt nicht braucht

Was kommt dabei heraus, wenn im Büro ein Geschenk für die neue Kollegin gesucht wird? Richtig! Eine Blumenvase! Alle sind froh, dass das Problem gelöst ist, und bevor jeder wieder an seine Arbeit geht, sagt noch irgendwer: »Blumenvasen passen doch immer!« Nein! Blumenvasen passen nicht! Und schon gar nicht Verlegenheitsblumenvasen, die in Wohnungen stehen sollen, die man nicht kennt, bei Menschen, die man nicht näher kennenlernen möchte. Auf meiner Hitliste der Dinge, die die Welt nicht braucht, belegen Vasen den ersten Platz, noch vor herzförmigen Seifen, Brathähnchenwürzsalz und elektrischen Eierkochern.

Die Durchschnittsvase geht an erschütternd wenigen Tagen im Jahr ihrer zugedachten Tätigkeit nach. In der übrigen Zeit wartet sie auf Blumen und scheint sich unablässig zu vermehren. Spätestens wenn Sie gezwungen sind, Fotoalben und Papierservietten auf dem Fonduetopf zu stapeln, sollten Sie handeln. Nur Vasen, mit denen Sie eine echte Geschichte teilen, dürfen bleiben. Falls diesem Befreiungsschlag eine Panikattacke folgen sollte, bewahren Sie Ruhe! Widerstehen Sie dem Drang, sich vor das Auto zu werfen, mit dem Ihr Mann die ausgemusterten Vasen zum Wertstoffhof fahren will. Vertrauen Sie mir! Sie werden trotzdem für jeden Blumenstrauß Ihres Lebens gerüstet sein. Geben Sie Ihrer Kreativität eine Chance. Und wenn Gäste mit Blumen kommen, können Sie sich in Zukunft sogar den Ohgott-ohgott-ich-hab-gar-keine-passende-Blumenvase-Satz sparen. Sie hatten immer schon die passende Vase im Haus, denn Sie haben Kaffeekannen, Kakaobecher, Vorratsgläser, Puddingformen …

Schönfärberei

Der Wetterbericht prophezeit Regen fürs Wochenende? Wunderbar! Besorgen Sie sich Probetöpfchen von Wandfarben in allen Tönen, die Sie lieben. Als Nächstes besorgen Sie beim Discounter ein paar große Pappen – die liegen meist als Trenner zwischen den Wasserflaschen – und dann machen Sie es sich zu Hause gemütlich. Zünden Sie Kerzen an und bejubeln Sie den grauen Himmel, denn der weist Ihnen den Weg zur richtigen Wandfarbe. Die Farbe in den Töpfchen gut umrühren, und los geht's. Eine Pappe nach der anderen wird in ein Riesenfarbmuster verwandelt, denn Farbtöne, die ein Stück unseres Lebens mit uns teilen wollen, müssen sich einen gründlichen Charaktercheck gefallen lassen. Das geht verständlicherweise nicht mit Mustern, die so groß sind wie ein Butterkeks.

Große Pappen sind in der Lage, Licht einzufangen, und können in brauchbare Dialoge treten mit den Möbeln, die schon da sind. Stellen Sie die Pappen auf Ihr Sideboard, hinter einen Stuhl am Esstisch, auf die Sofalehne. Platzieren Sie die Pappen so, dass das Tageslicht sie frontal beleuchtet. Und dann stellen Sie sie für eine Weile in die finsterste Ecke des Raumes. Es ist nichts anderes als eine Ehe auf Probe. Und am Ende werden Sie wissen, wer der Richtige ist. An hellen wie an dunklen Tagen, bei gutem wie bei schlechtem Wetter ... Wahrscheinlich gewinnt der Farbton, der in der Lage ist, Ihr Herz auch bei Nieselregen zu wärmen. Bei Sonnenschein gut aussehen kann ja schließlich jeder.

Familiensinn ist wunderbar. Er zahlt sich auch beim Einrichten aus. Wer Farbfamilien schafft, gibt dem Raum Struktur, ohne dass er langweilig wirkt. Mixen Sie nach Lust und Laune alle Grautöne, die Sie finden können, oder alle Sorten Grün. Spielen Sie mit den Nuancen einer Farbe und schrecken Sie nicht davor zurück, Töne zu mischen, die sich eigentlich beißen. Wenn Sie die Familie nicht verlassen, kann nichts schiefgehen.

In aller Regel sind sanfte Töne die richtige Wahl als Wandfarbe. Es mag Ausnahmen geben, bei denen eine knallbunt gestrichene Wand einem Raum den richtigen Kick verleiht. Streichen Sie die Wände in pudrigen Tönen* und setzen Sie lieber auf bunte Freunde. Das sind die schönsten Farbtupfer fürs Wohnzimmer.

Time to say goodbye:

Farbeimer, die im Keller auf eine zweite Chance warten, sind nach spätestens zwei Jahren nur noch Platzfresser. Durch die Lichteinwirkung hat sich die Farbe im Raum so verändert, dass sie mit dem Original nicht mehr nahtlos zusammenpasst. Füllen Sie ein kleines Glas mit der Farbe, um für winzige Reparaturen gerüstet zu sein; den Rest können Sie getrost entsorgen.

Welche Farbe passt zu wem?

Es ist ein großartiges Gefühl, wenn es gelingt, aus einem hässlichen Flohmarkt-Entlein einen attraktiven Mitbewohner zu machen. Sofern das Ganze obendrein schnell geht und wenig schmutzt, ist das Gefühl noch großartiger. Ist alles keine Hexerei: Gute Vorbereitung und gutes Handwerkszeug sind die eine Hälfte des Erfolges. Wie das geht und was man braucht, habe ich in meinen Büchern schon oft beschrieben. Die andere Hälfte sind die richtigen Farben. Farben, die ordentlich decken und sich gut verstreichen lassen. Ich habe viele, viele Eimerchen leer gestrichen. Deutsche, englische und amerikanische. Solche aus den Aktionen beim Discounter, Baumarkt-Eigenmarken und Fabrikate, deren Literpreis weit über dem meiner Nachtcreme liegt. Und was ist das Ergebnis? Beim Anstrich großer Möbel lande ich immer wieder bei einfacher, seidenmatter Acrylfarbe. Wenn ich dem Holz und den Beizen, die darin schlummern, nicht traue, benutze ich als erste Schicht einen Isolierlack. Das bewahrt mich vor überraschenden Verfärbungen. Ansonsten aber streiche ich beherzt los, benutze gute Pinsel und sorge für ausreichend frische Luft und Kaffee bei der Arbeit.

Lange Zeit war ich kein Fan von Kalkfarbe, weil ich mir drei oder vier Arbeitsgänge gern erspare. Ich gebe zu, Kalkfarbe haftet wunderbar auf fast allen Materialien, aber die Streicherei war mir zu langwierig. Erst streichen, dann nochmal streichen, dann trocknen lassen und dann einwachsen, damit sich der hochmatte Lack nicht abreibt. Dann polieren, was den Mattlack wieder in einen seidenmatten Lack verwandelt. In meinen Workshops entwickeln sich oft hitzige Diskussionen zwischen den Freundinnen der Kalkfarbe und den Acryllackliebhaberinnen. Ich mache es neuerdings so: Große Flächen streiche ich weiter mit Acryllack, Kleinmöbel, Kerzenleuchter und Bilderrahmen mit Kalkfarbe. Denn ich habe eine Farbe entdeckt, die ich nicht wachsen muss, sondern als Finish mit einem Lack überziehen kann.* Das geht schnell, und den Lack gibt es in verschiedenen Glanzstufen von seidig glänzend bis matt. Die Farbe soll damit sogar wetterfest werden. Mein Selbstversuch mit einem Gartenstuhl läuft noch. Ich werde berichten!

Die Farbe der Farbe

Ob Kalkfarbe oder Acryllack ist Einstellungssache. Wichtiger ist doch die Farbe der Farbe! Für mich ist und bleibt es Weiß. Es macht klobige Stücke schlanker und passt sich jeder Einrichtung an. Der direkte Vergleich zwischen muffigem Flohmarktbraun und frischem Weiß ist erstaunlich, oder? Noch erstaunlicher ist die Verwandlung, nachdem die Fundstücke eine Aufgabe bekommen haben. Jedes Stück ist hier im Buch »bei der Arbeit« zu sehen.

Seite 99 & 113

Seite 91

Seite 60

Seite 14

Seite 87

Seite 12

Seite 11

Samuel Pepys Tagebuch
John Irving · Owen Meany
John Irving · Gottes Werk und Teufels Beitrag
John Irving Zirkuskind

Schlafzimmer

Das Schlafzimmer ist der Raum, den wir besonders nah an uns heranlassen. Hier präsentieren wir uns ungeschützt und hier sollten wir bestenfalls so sein dürfen, wie wir wirklich sind. Unsere Tage beginnen hier, und hier werden sie beendet. Beenden Sie jeden Tag gut! Lassen Sie sich durch nichts und niemanden verleiten, ein Gedankenkarussell zu besteigen, anstatt einzuschlafen. Sorgen Sie für gute Gespräche oder gute Bücher auf der Bettkante, für angenehmen Duft und schöne Farben. Lehnen Sie sich zurück und lassen Sie den Tag ziehen. Sie haben heute alles so gut gemacht, wie Sie konnten. Und wenn wirklich etwas schiefgelaufen ist, dann reicht es, wenn Sie sich darüber ärgern! Sie müssen nicht gleich alle Ihre Fähigkeiten infrage stellen. Der Raum, den Sie jeden Tag als Letztes vor dem Einschlafen sehen, sollte Ihnen so viel Freude wie möglich machen. Hier sollte sich alles versammeln, was schön ist und was Sie schön macht. Denn hier wollen Sie ja auch Ihre besten Seiten zeigen. Denken Sie daran, wenn Sie neue Bettwäsche aussuchen oder einen neuen Anstrich für die Wand. Der Farbton sollte eher zu Ihren Augen passen als zum Teppichboden!

Wer bekommt die Kostbarkeiten? Ich!

Unsere Seele sieht es gern, wenn wir von Zeit zu Zeit unsere Schulter tätscheln und uns zuflüstern: »Ich find' dich wunderbar!« Sich selbst wichtig machen mit Dingen, die nicht nötig sind, ist wunderbar fürs Herz. Schöne Bettwäsche ist eine meiner Lieblingswichtigmachereien. Schwere weiße Baumwolle mit Spitze macht aus der Frau, die sich darauf bettet, eine Prinzessin. Diese Freude muss nicht mal teuer sein, wenn man schöne Kissen auf dem Flohmarkt findet. Hier liegt die Kostbarkeit darin, das aufwendige Bügeln in Kauf zu nehmen. Einzig und alleine, um uns selbst eine Freude zu machen.

Mein augenblickliches Highlight ist Leinenbettwäsche. So edel, dass sie mein Schlafzimmer zur Präsidentinnensuite macht. Zugegeben, Leinen ist teurer als ein Flohmarktschnäppchen, aber dafür muss man nicht mit dem Bügeleisen ran.* Hier reicht der Wäschetrockner!

Das, womit wir uns schmücken, sollte vor allem die Freude an uns selbst ausdrücken. Nicht unseren Goldwert dokumentieren oder etwas sein, das wir für andere tun. Schmuck, den wir gerade nicht tragen, parken wir am besten dort, wo uns sein Anblick jederzeit erfreuen kann.

Wem seine Klunker für die öffentliche Ausstellung im Schlafzimmer zu wertvoll erscheinen, der gönnt ihnen eine Schatulle. Nicht irgendeine! Eine herrliche, selbst gemachte Schatulle aus einem alten Besteckkasten vom Flohmarkt. Den Einsatz, auf dem einst die Mokkalöffelchen ruhten, erst einmal mit Verbandwatte aufpolstern. Dann kommt Stoff darüber, der mit Heißkleber oder Tackernadeln befestigt wird. Das Polsterbett wieder einsetzen, und fertig ist die Schmuckschatulle de luxe!

SCHLAU

Wenn ein Ring nicht vom Finger will, hilft ein Klecks Mayonnaise.

Manche Dinge werden allein dadurch zu Kostbarkeiten, dass sie absolut unnötig sind. Liebesbriefe, Schrankpapier, Kopfkissenspray. Alles nicht lebenswichtig, aber all das tut so gut!

So einfach und doch purer Luxus: Parfümiertes Schrankpapier. In Deutschland noch nicht so sehr verbreitet, aber wenn es nach mir ginge, würde ich jede Schlafzimmerschublade dazu verpflichten, duftendes Schrankpapier* zu tragen. Wer nicht das richtige findet, kann wohlriechendes Schrankpapier auch mit Tapetenresten selber machen. Das saugfähige Papier von Tapeten ist gut geeignet, um den Duft vom Lieblingsparfum oder von ätherischen Ölen zu speichern. Ein paar Tröpfchen genügen meist. Allerdings muss man öfter nachparfümieren, weil der Duft nicht so anhaltend ist wie beim gekauften Schrankpapier.

schön

Ein leichtes Eau de Cologne gehört auf jeden Nachttisch.* Wer die Kopfkissen vor dem Zähneputzen leicht einnebelt, fühlt sich wie im Luxushotel, wenn er danach ins Bett kriecht. Menschen oder Tiere beim Sprühen auslassen und nach Möglichkeit einen Duft wählen, der allen gefällt.

Date

Glasflaschen gehören auch auf die Liste der Wichtigmachereien. Denn niemand sollte des Nachts aus einer knacksenden Plastikflasche trinken müssen. Gönnen Sie sich täglich frisches Wasser in einer Glasflasche neben dem Bett. Ja! Macht Arbeit! Aber das genau ist ja der Sinn der Übung. Übrigens gibt es inzwischen Weine in Flaschen mit Glasstöpsel statt Korken. Schöne, schlichte Flaschen für den Nachttisch. Ganz und gar kostenlos und dennoch kostbar!

Frische Wäsche

In meinem Wäscheschrank wohnen Laken und Bezüge. Kopfkissen mit amerikanischen und europäischen Maßen. Hüllen für überbreite Oberbetten und solche mit Standardgröße. Ganz zu schweigen von unterschiedlich großen Matratzenhussen. Neuerdings baumeln Schilder an den Schrankbrettern. Da steht drauf, was oben drüber gestapelt ist, und schon mag ich meinen Wäscheschrank wieder!

Mottensäckchen de luxe! Wenn im Sommer die Fenster geöffnet sind, lässt es sich nicht vermeiden, dass sich Motten ins Schlafzimmer verirren. Damit sie sich nicht im Wäscheschrank niederlassen, hilft ein Griff ins Gewürzregal.

Fünf Zimtstangen in einen Plastikbeutel geben und mit einem Hammer zerbröseln. Einen knappen Eierbecher Gewürznelken und die gleiche Menge getrocknete Lavendelblüten sowie schwarze Pfefferkörner mit den Zimtsplittern mischen und auf zwei Stoffbeutel verteilen. Die Beutelchen in den Wäscheschrank legen. Sie tun ihren Dienst eine ganze Saison lang.

»Ich habe mehr gebügelt als geliebt!« Dieser Satz stammt von Rosamunde Pilcher, der großen alten Dame des gepflegten Liebesromans. Alle, die nicht so enden wollen, sollten ihren Wäschetrockner nur noch halb so lang laufen lassen! T-Shirts werden bei uns dampfig und heiß aus dem Trockner geholt, einmal kräftig geschüttelt und aufgehängt. Auf diese Weise verwandeln sie sich in bügelfreie Wäsche. Wenn sich doch irgendwo eine Knitterfalte versteckt hat, hilft Antifaltenspray.

Und das mixt man so: 750 Milliliter stilles Mineralwasser mit zwei Esslöffeln Weichspüler und zwei Esslöffeln Isopropylalkohol (kauft man zum Wundendesinfizieren in der Apotheke) mischen und in eine Sprühflasche füllen. Früher habe ich den Faltenglätter mit Essig gemacht, aber ich finde, diese Version riecht besser. Und auch hier noch mal der Hinweis: Isopropylalkohol sollte – wie generell alle Putzmittel – weder in Augen und Mund noch in Kinderhände gelangen.

Gilb raus! Was tut man an einem heißen, sonnigen Samstag? Richtig. Wäsche weißeln! Alles was mal weiß war und nun den Gilb hat, gehört mit Zitronensaft in die Sonne. Dazu mischt man vier Liter Wasser mit einer Tasse frisch gepresstem Zitronensaft. Die Wäsche über Nacht darin einweichen. Am Morgen normal in der Maschine waschen und dann in der Sonne aufhängen. Nur für Baumwolle und Leinen!

Für den Winter gibt es die Frostversion. Wäsche waschen, schleudern und dann nach draußen, wenn es richtig knackig kalt ist. Auf der Leine bretthart werden lassen, auftauen und mit ein paar Löffelchen Baking Soda (Natron) zusätzlich zum Waschpulver noch einmal waschen.

Der Stoff, aus dem die Träume sind

Das Aufspüren schöner Bettwäsche kostet Zeit, denn man findet vor allem eines: diskussionswürdige Motive. Ich wäre ganz kribbelig, wenn ich unter Papageien oder Palmen schlafen müsste. Im wahren Leben kann ich mir das sehr gut vorstellen, aber bitte nicht als Baumwolldruck. Es gibt seltene Ausnahmen, bei denen ich mich eher auf eine Nacht mit dem Baumwolldruck einlassen würde als mit dem Original. Besuchshalber habe ich mal eine Nacht in David-Hasselhoff-Bettwäsche verbracht. Muss ich mehr sagen?

Manchmal findet man schöne Blumenmuster, aber dann schreien einen die Farben an. Wenn die Farbtöne schön sind, steht garantiert ein lustiger Vers auf den Kissen. Wenn Ihnen online oder offline irgendwo ein Muster begegnet, mit dem Sie Ihr Bett teilen wollen, dann sollten Sie zugreifen. Oder Sie kaufen Stofffarbe!

Meine Liebe zu alter weißer Bettwäsche ist groß, aber ich mag auch Pastelltöne. Unschlagbar sind solche, in denen ein bisschen Grau mitschwingt. Sie machen fröhlich, und niemand kann ihnen nachsagen, dass sie kitschig sind. Genau so will ich meine Bettwäsche haben! Mit Bettwäsche aus Omas Aussteuerkiste und flüssiger Stofffarbe geht das.*

Matratzenhussen sind ein Facelifting fürs Bett. Wer kann, näht selbst. Aber inzwischen gibt es sie auch für diverse Bettgrößen fertig zu kaufen. * Nicht teuer, schön und frisch in Weiß, aber auch problemlos in der Lieblingsfarbe einzufärben.

Stofffarbe macht es möglich, mit Nuancen zu spielen. Ein paar Kissen in hellem Türkis, andere dunkler, fast in einem Petrolton, dazu ein frisches Weiß und ein Muster, in dem sich beide Farben widerspiegeln.

Rosa muss keine Kleinmädchenfarbe sein. Verschiedene Rosatöne, die allesamt mit einem Hauch Grau entkitscht worden sind, ergeben eine pompöse Bettwäsche. Alle Teile, bis auf die Matratzenhusse, sind vom Flohmarkt.

Kissenkosmetik

Moderne Stofffarben sind flüssig und lassen sich in der Waschmaschine untereinander mischen. Meine schönsten Töne entstehen, wenn ich mit Taupe, Beige oder Grau kräftigere Farben entsättige. Ich färbe mit den Augen! Das geht wunderbar, wenn man eine Waschmaschine mit Bullauge hat. Hinter dem Glas kann man sehen, wie der Farbton entsteht. Noch zu grün? Kein Problem. Ein Schuss Grau dazu, und es passt. Zu sehr bonbonrosa? Nicht schlimm, mit einem Eierbecher voll Taupe wird der Farbton »erwachsen«!

In Drogeriemärkten kann man Stofffarbe meist nur in »Ampelfarben« kaufen. Ungewöhnliche Töne bestellt man am besten direkt online beim Hersteller. Die Auswahl ist riesig.*

Niemand muss sich vor der Farbe fürchten. Man braucht keine Gummihandschuhe, und die Waschmaschine ist nach dem Färben wieder genauso sauber wie davor. Ich habe es mit hellen und mit dunklen Farben ausprobiert.

Unter alter Bettwäsche finden sich oft echte Kunstwerke: verziert mit Häkelspitze oder Applikationen. Unterschiedliche Materialien nehmen die Stofffarbe manchmal unterschiedlich an. Ich finde das besonders schön, wenn die Spitze zum Beispiel eine Nuance heller bleibt. Eine Bettwäsche wie Ihre selbst gefärbte gibt es kein zweites Mal. Weltweit! Toll, oder?

Es gibt Farbmischer für Stofffarbe im Internet. Dort klickt man die Töne an, die man mischen will, und kann sich das Ergebnis vorab anschauen.* Ist durchaus eine Orientierung, aber selbst in die Waschmaschine zu schauen ist besser.

Passend zur Bettwäsche ein paar Baumwollbeutelchen – gibt es fertig zu kaufen – mitfärben. Mit Lavendelblüten füllen und zur Bettwäsche ins Bett legen. Sieht schön aus und verströmt stets einen frischen Duft.

Abwechslung im Schlafzimmer

Wer sagt, dass im Schlafzimmer alles unverrückbar sein muss? Im Leben ist das doch auch nicht so.

Falls die einzige Abwechslung in Ihrem Schlafzimmer die ist, dass die Pyjamafarbe des Gatten zwischen Hellblau und Dunkelblau schwankt, dann ist es Zeit für ein bisschen Veränderung. Fangen Sie mit den Möbeln an. Niemand will, dass Sie zweimal im Jahr den Kleiderschrank verrücken, aber ein paar mobile Möbel im Schlafzimmer eröffnen viele Möglichkeiten. Denn bevor der Familienrat einen Antrag auf Umstellung genehmigt, haben Sie den Look des Raumes mal eben schnell verändert. Einfach nur mit ein paar kleinen Möbeln, die optisch etwas hermachen und sich leicht hin- und herschieben lassen. Denn Umräumaktionen müssen blitzschnell erfolgen. Veränderungen schaffen heißt, Tatsachen schaffen. Denn Sie wissen ja aus Erfahrung, dass der neue Pyjama mit den Streifen seit Monaten im Schrank liegt, weil dem Gatten das Muster zu verwegen war!

Auch große Klapptische sind für jeden Raum ein Schnäppchen. Als Beistelltisch beim Essen, wenn Gäste kommen am Sofa. Aber ganz besonders gut einsetzbar sind Klapptische im Schlafzimmer. Im Handumdrehen bekommt der Raum einen neuen Kick. Ein Blumenstrauß am Fußende des Bettes? Möglich dank Klapptisch. Wohnmagazine in Griffnähe stapeln, ohne aus dem Bett aufzustehen? Wohl dem, der einen Klapptisch hat. Wäschestapel, Frühstück im Bett? Alles möglich, dem Klapptisch sei Dank. Und von Zeit zu Zeit verschwindet er hinter dem Kleiderschrank. So lange, bis wir einen neuen Job für ihn haben.

Tabletts mit ausklappbaren Beinen sind wunderbar: perfekte Butler bei einem Frühstück im Bett und an fast jeder Stelle im Haus einsetzbar. Besonders praktisch: Wenn man Klapptabletts nicht braucht, lassen sie sich klaglos in die Ecke stellen. Aber auch aus einem Fußbänkchen und einem Tablett vom Flohmarkt ist schnell ein Tabletttischchen gebaut. Nicht ganz so gelenkig wie der klappbare Bruder, aber trotzdem sehr brauchbar. Wichtig ist, dass die Füße der Fußbank so weit auseinander stehen, dass Ihre Beine bequem darunter passen, wenn Sie im Bett thronen. Falls die Platte des Fußbänkchens unansehnlich ist, wird das Tablett fest obendrauf verleimt. Ansonsten lässt man die Teile separat, weil sie dann auch einzeln benutzbar bleiben.

Nachtschränkchen 2.0

Wer braucht klobige Nachtschränke neben dem Bett, wenn es Tischchen oder Hocker gibt? Heute gefällt Ihnen ein kleiner Tisch vielleicht im Badezimmer und morgen neben dem Bett. Im Sommer landet er auf der Terrasse und im Winter neben dem Sofa. Mal leuchtet ein Nachttischlämpchen neben dem Bett, mal wird eine Stehlampe am Fußende fernbedient. Abwechslung im Schlafzimmer ist in jeder Hinsicht zu empfehlen.

Schneller Stoffwechsel

Mit Bettwäsche lässt sich Veränderung besonders schnell herbeizaubern. Ganz toll, wenn Sie passend zu Oberbetten und Kissen auch die Fenster verschönern. Der Trick dabei: Bettbezüge, die Ihnen besonders gut gefallen, immer doppelt kaufen. Aus dem zweiten Satz lassen sich nämlich wunderbare Vorhänge machen. Die Verwandlung geht besonders einfach, wenn Ihre Vorhänge mit Ringen an Gardinenstangen hängen. Viele Ringe sind mit Klipsen verschraubt, an denen Stores befestigt werden. Ein Stoffwechsel kann also blitzschnell gemacht werden.

Machen Sie Ihr Schlafzimmer bunter!

Mit Blumen geht das immer und immer wieder anders. Sprüche, wonach keine Pflanzen über Nacht im Zimmer bleiben sollen, können sie getrost vergessen. Es stimmt, dass Pflanzen nachts keinen Sauerstoff produzieren, sondern verbrauchen. Solange in Ihrem Schlafzimmer keine Bouquets wie bei einer Fürstenhochzeit stehen, sollte die Luft im Schlafzimmer für alle Anwesenden reichen.

Auf Spitzen geschlafen? Wer morgens den Abdruck vom Bettzeug im Gesicht hat, kann folgende Entknitterungsmaßnahme ergreifen: Viel warmes (!) Wasser ins Gesicht spritzen, trockentupfen und die Stelle kreisend mit Feuchtigkeitscreme massieren.

SCHLAU

Was ist besser als Ordnung machen?

Ordnung halten! Aber niemand wird sich eine Ordnung auf Dauer verordnen lassen. Was in Dutzenden Büchern gepriesen wird, muss noch lange nicht zu Ihnen passen. Suchen Sie sich eine Ordnung, die Ihnen auf den Leib geschneidert ist.

Wenn Sie der Bügeltyp sind, dann sortieren Sie Ihre Kleidung auf Bügeln. Wer es übersichtlicher findet, auf gestapelte Blusen zu schauen, der stapelt. Unterhosen falten finden Sie doof? Kein Problem, nehmen Sie einen Korb und werfen Sie die Unterwäsche nach dem Waschen dort hinein. Aber eben immer in den Korb, nicht woanders hin. Manche sortieren nach Farben, andere nach Jahreszeit oder Saumlänge. Egal wofür Sie sich entscheiden, entscheidend ist, dass Sie es tun. Denn Ordnung sollte man eigentlich nicht machen müssen, man sollte sie halten.

Kleiderbügel kauft man eigentlich nie. Sie laufen einem irgendwie zu. Dünne Bügel, dicke Bügel, mit Querstange und ohne. Haben Sie mal überlegt, wie lässig Ihre Kleidungsstücke über die Stange flitzen könnten, wenn alle Bügel von der gleichen platzsparenden Sorte wären. Bügel, die nicht gebogen sind, verbrauchen viel weniger Platz im Schrank. Investieren Sie in die ersten käuflich erworbenen Bügel Ihres Lebens und schaffen Sie zusätzlichen Raum im Kleiderschrank. Ganz abgesehen davon, dass alles wie durch ein Wunder sofort aufgeräumter aussieht.

Time to say goodbye:

Die Türen vom Kleiderschrank gehen nur noch mit Gewalt zu, aber Sie schaffen es nicht, die Jeans aus dem Haus zu lassen, die Sie beim Mathe-Abitur trugen? Vielleicht fehlen Ihnen nur ein Block und ein Stift. Denn wer nicht loslassen kann, der braucht oft nur den richtigen Fragenkatalog!

Von jedem Kleidungsstück, das zwei- oder mehrmal »nein« bekommt, sollten Sie sich freundlich verabschieden. Man muss sich ja nicht im Bösen trennen.

Wer Ordnung halten will, braucht Boxen und Körbe, Gläser, Kisten und Kartons. Aber es reicht nicht, wenn wir sie nach Hause schleppen. Wir müssen sie auch füllen, und zwar mit System! Man kann mit Handtüchern oder Bettwäsche zum Beispiel auf Körbe ausweichen, wenn der Platz im Schrank aufgebraucht ist. Aber dann ist es eisern zu vermeiden, aus diesen Körben Auffangbecken zu machen für alles, was links und rechts herumliegt.

Investieren Sie in »schön«! Kiste ist nicht gleich Kiste, und Kartons gibt es in hübsch und in hässlich. Ordnung halten fällt leichter, wenn man Dinge in Behälter einsortiert, die nicht aussehen, als wären sie vom Umzugswagen gefallen. Hübschen Sie Kartons und Kisten auf. Am besten geht das mit Tapetenresten. Schönes Geschenkpapier geht auch. Das ist wirklich keine Zauberei. Gemessen daran, wie lange Sie damit Freude haben werden, ist die Zeit für die Kleberei gut investiert.
Wer Glück hat, erwischt ein paar schöne Schuhkartons. Die kommen oft schon so schön daher, dass sie ohne weitere kosmetische Maßnahmen einzusetzen sind.

Eine gute Ablage ist die Voraussetzung dafür, das meiste, wonach man sucht, auch zu finden. Was für den Schreibtisch gilt, funktioniert auch beim Kleiderschrank. Wer Bikinis oder Sommertops in Kartons ablegt, sollte aber wissen, in welchen. Etiketten sind dabei hilfreich. Seit Langem empfehle ich, zu diesem Zweck den Anhängern aus neu gekaufter Kleidung ein zweites Leben zu schenken. Inzwischen bin ich sicher, dass die Bekleidungsindustrie meine Bücher liest, denn die Etiketten, die an Jeans und T-Shirts baumeln, werden – zu meiner allergrößten Freude – immer hübscher.

Arbeitszimmer

Es gibt ein Möbel im Haus, das die ganze Palette unserer Gefühle kennt. Von schäumender Wut über Lachanfall bis hin zu Haare raufen, kichern, kämpfen ... Es ist der Ort, an dem wir Briefe öffnen, von denen wir wissen, dass sie wehtun werden. Hier werden Rechnungen bezahlt, Fotos verwaltet, Bewerbungen und Liebesbriefe geschrieben. Liebesmails gelten auch!

Kein anderes Möbel weiß so viel über uns wie unser Schreibtisch. Hier sortieren wir nach »wichtig« und »kann noch warten«, nach »mach ich noch!« und »rutscht mir den Buckel runter«.

Das Ungetüm aus Stahlrohr und abwaschbarer Oberfläche, an dem viele den Büroalltag verbringen, hat wenig gemeinsam mit unserem Schreibtisch zu Hause, denn der sollte über Chaos hinwegsehen können und eine Nische für unsere Erinnerungen haben. Er muss Platz auf seiner Platte machen, wenn wir nervös mit den Fingern trommeln oder verzweifelt mit den Fäusten hämmern wollen. Und er muss fest an unserer Seite stehen, wenn wir Zeilen verfassen, die unser Leben auf den Kopf stellen. Auch wenn der Platz nicht immer für ein komplettes Arbeitszimmer reicht, sondern nur für ein klitzekleines Exemplar in einem Eckchen: Jeder sollte einen Schreibtisch zu Hause haben.

Damit die Ideen nicht von der Tischkante purzeln …

Ich liebe es, Ideen zu haben. Jeden Tag klopfen neue bei mir an, ich muss gar nichts dafür tun. Sie setzen sich einfach vor mich auf die Tischkante und lächeln. Manche grinsen auch, weil sie wissen, dass mir ihre Anwesenheit einen Vormittag bereitet, der ganz anders verlaufen wird, als ich es geplant hatte. Wenn sich so eine Idee aus meinem Herzen und Hirn zu mir auf den Schreibtisch geschlichen hat, dann will ich sie natürlich auch behalten. Wie gut, dass mein Computer zusätzlichen Speicherplatz anbietet, sonst würde eine Menge dieser kleinen niedlichen Quälgeister unter die Tischplatte purzeln. Ideen sind nämlich empfindlich; wenn man sich nicht gleich um sie kümmert, verschwinden sie oft auf Nimmerwiedersehen.

Manche Ideen sind etwas ganz Besonderes. Gleich wenn sie mich das erste Mal anschauen, weiß ich, dass sie Lieblingsideen sein werden. Es ist das gleiche Gefühl, das ich hatte, als wir unseren Kater Nacho holten. Ein ganzer Wurf wundervoller Kätzchen, und doch macht das Herz sich sofort in eine Richtung auf den Weg. Solche Ideen will ich nicht als schnödes Stichwort in einer Datei ablegen, solche Ideen muss ich vor Augen haben und deshalb baue ich mir gerne Memoständer. Es gibt fast nichts, das sich nicht für diese Aufgabe eignet: Garnrollen, Hutständer, Kerzenleuchter … Alles, woran sich eine Klammer befestigen lässt, hat das Zeug zum Ideenfesthalter! Und natürlich auch zum Memoständer, Notizzettelhalter und Quittungsaufbewahrer.

"There is
nothing
worth more
than this day."

bitte
danke

Home: where I can
look ugly and enjoy it.

Schreibtisch schlau!

Wer kann, stellt den Schreibtisch so, dass möglichst viel Licht auf ihm landet. Noch besser sind Sonnenstrahlen. Das tut nicht nur unserem Vitamin-D-Spiegel gut, sondern kann auch die Motivation bei der Schreibtischarbeit gewaltig puschen.

SCHLAU

In Ihrer Schreibtischschublade kullern Dutzende Batterien herum, weil unklar ist, ob sie noch benutzbar sind? Finden Sie es heraus und schaffen Sie Platz! Leere Batterien »hüpfen«, wenn man sie aus zehn Zentimeter Höhe auf die Schreibtischplatte fallen lässt! Volle Batterien knallen hin und bleiben liegen. Warum? Weil – vereinfacht gesagt – das Innenleben von vollen Batterien aus einer gelartigen Masse besteht. Dieses Gelee aus Zink, Mangan, Lithium und Blei ist schwer und lässt die Batterie hart auf dem Schreibtisch aufkommen. Batterien, die keine Power mehr haben, sind innen trocken und deshalb leichter. Das lässt sie hüpfen.

Packband, Tesafilm, Washi-Tape ... Immer wenn man es braucht, hat sich das Ende des Streifens an der Rolle festgebissen. Schluss damit! Kleben Sie ihr eine. Eine Büroklammer! Die sorgt dafür, dass sich das Ende des Tapes immer problemlos von der Rolle löst.

Wenn gesunde Menschen ihr Zuhause in eine keimfreie Zone verwandeln, kann ich darin wenig Sinn erkennen. Aber ein Fläschchen Handdesinfektionsmittel gehört trotzdem auf jeden Schreibtisch! Warum? Weil man damit ganz wunderbar Filzstift- und Kugelschreiberschmierereien von glatten Oberflächen rubbeln kann. Von den Fingern auch. Gegen Permanent-Marker hilft am besten Teebaumöl.*

Alles hat seine Zeit

Mein Arbeitszimmer ist ohne Pinnwände undenkbar. Eine Pinnwand sammelt ausschließlich Wörter für mich. Wörter wie Erfrischungstuch oder Branchenbuch. Begriffe, die völlig schuldlos aussterben werden, weil keiner sie mehr braucht. Das Wort »Herrenkommode« ist bereits nahezu ausgelöscht, in diesem Fall allerdings zu Recht. Ein Wort aus der Zeit der Herrenwitze und -torte. Was hat man in einer Herrenkommode aufbewahrt? Anrüchige Magazine mit ausklappbarem Mittelteil? Es wird nicht mehr lange dauern, dann existiert das Wort nur noch an meiner Pinnwand.

Mein Arbeitszimmer bietet aber nicht nur aussterbenden Wörtern Asyl. Das Sonntagswetter für meinen Südbalkon kann ich zwei Wochen im Voraus auf dem iPad sehen, aber ich liebe mein Barometer an der Wand. Wenn ich sanft an das Glas klopfe und die Nadel im Gehäuse vibrieren sehe, dann erinnert mich das daran, dass langsamer nicht immer schlechter ist. Die Uhrzeit kann ich sekundengenau auf meinem Laptop und meinem Handy abrufen, aber weder Laptop noch Handy können so schön ticken wie die alte Uhr, die auf meinem Schreibtisch steht. Ich muss sie jeden Tag mit einem großen silbernen Schlüssel aufziehen, und sie geht stur eine Viertelstunde vor, aber sie erinnert mich daran, dass alles seine Zeit hat.

Altes und Neues lässt sich sehr gelungen mischen. Solche Trophäenbretter, die Jäger gern mit ihren Beutegeweihen an die Wand hängen, gibt es – ohne Geweih – häufig auf Flohmärkten. Sie sind der perfekte Ständer für Tablet oder Smartphone. Man muss nicht mal schrauben. Die Leiste vorne und der Winkel, der das Brett stützt, sind mit Holzleim angebracht.

Schreibtischtäter

Behälter! Was für ein brauchbares Wort! Eigentlich ein Allzweckwort, denn es passt zu allem, was Platz bietet, damit wir etwas hineinlegen können. Es gibt fast nichts, woraus sich nicht ein Behälter machen ließe. Auch wenn das Wort streng betrachtet irreführend ist. Ein Behälter soll ja nichts behalten, sondern jederzeit alles wieder hergeben, was wir ihm anvertraut haben.

Mein Arbeitszimmer ist so eine Art Arbeitsagentur für Behälter. Wahrscheinlich laufen mir deshalb ständig neue zu, die an einem Job auf meinem Schreibtisch interessiert sind. Gewürzgläser und Butterbrotdosen, die sich darum reißen, Briefmarken und Büroklammern aufzubewahren, oder Topfdeckelhalter, die meine Post verwalten wollen. Glauben Sie an die Einsatzfreude der Behälter, die arbeitslos in Ihren Schränken hocken. Sie werden sich wundern, wie schön sie Ihre Schreibtischplatte in Ordnung halten.

Sortier mal anders!

Herumliegendes Kleinzeug ist eine Plage! Eine Plage für die Nerven, denn wenn man was braucht, entscheidet der Zufall, ob man es findet. Und für die Augen, denn nestartig auftretende Sammelsurien können einen ganzen Raum aussehen lassen wie ein ungeliebtes Kellerabteil. Wie gut, dass sich Unordnung mit Kisten und Kästen bekämpfen lässt. Vor allem im Arbeitszimmer ist alles, was einen Deckel hat, bestens geeignet, das Chaos möglichst klein zu halten. Aber Finger weg von professionellen Ordnungsmachern. Wer braucht Karteikästen und Hängeregister, wenn sich uns so viele andere schöne Sachen anbieten? Trauen Sie sich! Sie werden Dinge finden, die nicht für Schreibtische gedacht, aber wie für Schreibtische gemacht sind.

Wenn wir Papierkram vorsortieren, dann schaut er uns weit weniger vorwurfsvoll an. Um Belege zu ordnen, habe ich einen alten Kaufladen aufs Kreuz gelegt. Super praktisch und lässt auf dem Schreibtisch noch genug Platz, um bequem zu arbeiten.

Ungewöhnliche Kisten und Kästen lassen sich besonders gut auf Flohmärkten finden, aber es gibt auch andere Jagdgründe. TK Maxx* zum Beispiel, eine amerikanische Kette, die es inzwischen auch in vielen deutschen und österreichischen Orten gibt. Ich fühle mich dort stets wie in den USA. Das Einkaufen ist spannend, denn es gibt kein festes Sortiment. Man weiß nie, was einen erwartet. Diese Boxen zum Beispiel habe ich dort für vier Euro pro Stück gekauft. Sie waren ursprünglich senfgelb.

Farbausrutscher muss man ausblenden können. Alles, was zählt, ist die Vorfreude darauf, wie schön die Schnäppchen sein werden, wenn sie den richtigen Farbton haben. Mit solchen Kästen fällt Ordnung halten leicht, und man kann für kleines Geld sogar aus einem Küchentisch einen richtigen Sekretär machen.

Plunder (Deutsch)*
Substantiv, m

Bedeutungen:
[1] ohne Plural: wertloses Zeug
[2] Gebäck, Teilchen aus Hefeteig

Herkunft:
[1] von mittelniederdeutsch »plunder« »gebrauchter Hausrat, Wäsche«. Das Wort ist seit dem 14. Jahrhundert im Deutschen belegt.

Sinnverwandte Wörter:
[1] Kram, Krempel, Trödel

Plunderteilchen

Ich mag Wörter, das ist bekannt. Seit ich denken kann, ist das so! Früh begriff ich, dass zwei Menschen das Gleiche meinen, aber komplett andere Wörter dafür benutzen können. Wenn den einen ein Unwohlsein plagte, war dem anderen in meiner Heimat »blümerant«. Und während der eine ein unverschnörkeltes »Ich geh kurz einkaufen« an der Türschwelle rief, moderierte meine Essener Oma ihren Abgang mit Einkaufstasche stets so: »Ich geh schnell auf Chaussee!« Später, als ich mich in der Schule mit Vokabeln quälte, begriff ich, dass im Essener Platt eine Menge zurechtgebogene französische Wörter stecken.

Besonders rätselhafte Wörter sammelte ich wie seltene Briefmarken. Ich begriff, dass Wörter zu großen Missverständnissen führen können. Mein Lieblingswort diesbezüglich war »Plunder«. Anfangs irritierte es mich, wenn an Omas Kaffeetisch »Plunderteilchen« gereicht wurden, während ich tags zuvor gehört hatte, dass sie meinem Großvater mit der unverzüglichen Trennung drohte, wenn »der ganze alte Plunder« nicht endlich aus der Garage verschwinden würde. Ich habe schnell gelernt, dass man die süßen Plunder gefahrlos essen kann und dass es ratsam war, schnell zur Stelle zu sein, wenn jemand Plunder aussortierte. Ich fand nämlich immer etwas, das ich brauchen konnte. Und das ist bis heute so geblieben.

Äußerst schöner Plunder

Alte Hosenbügel sind herrliche »Wechselrahmen«. Original oder in Tönen gestrichen, die zum Raum passen.

Äußerst praktischer Plunder

Alte Teigbretter haben in vielen Küchen ausgedient. Kein Grund, sie in Rente zu schicken. Mit einem Hocker darunter oder einem Holzbock lässt sich schnell ein mobiler Schreibtisch daraus machen, der nur bei Bedarf aufgestellt wird.

Ruckelfreie Schubladen

Jede Schublade hat ein von Gott gegebenes Fassungsvermögen. Wer ihre Leistungsfähigkeit dramatisch überschätzt, den bestraft sie mit beleidigtem Ruckeln beim Öffnen oder Schließen. Das lässt möglicherweise das Likörgläschen mit den Gänseblümchen umfallen, das oben auf dem Schrank steht, und alles wird nass. Noch schlimmer: Die Fotorähmchen, die neben dem Likörgläschen stehen, neigen sich wie Dominosteine, fallen auch noch um und schwimmen im Wasser der Gänseblümchen. Besser also, man sorgt für mehr Schubladen oder für deren ruckelfreien Lauf durch beherztes Umsortieren und Entmüllen. Teelichter, ätherische Öle, Geschenkpapier, Tapetenreste, uralte Druckerpatronen und Gebrauchsanweisungen von Geräten, die es schon lange nicht mehr gibt …

Die Schublade ist entmüllt und ruckelt immer noch? Dann hilft eine Abreibung mit Seife. Mit einem Seifenstück überall dort entlangfahren, wo die Schublade Berührung mit Holz hat.

Time to say goodbye:

Nirgendwo sonst spürt man die Technik so schnell voranschreiten wie im Arbeitszimmer. Ich habe neulich in meinem Büroschrank drei Rollen Faxpapier gefunden. Rollen!!! Faxpapier!! Dinge, die man guten Gewissens wegwerfen kann. Das gilt auch für Tackernadeln, die zu Tackern gehören, die es längst nicht mehr gibt, Tesafilm-Abroller mit stumpfen Zähnen und Dutzende von Leuchtstiften, die ausgetrocknet und platzfressend in den Schubladen herumvagabundieren. Bye bye, Büromüll!

Sie sind der ruckelfreien Schublade schon ganz nah, wenn Sie wie folgt sortieren: Das, was in den Müll kommt, das, was zurück in die Schublade darf, und das, was nicht länger versteckt werden soll. Papierrollen aller Art können ein schöner Farbtupfer im Arbeitszimmer sein, wenn sie in einer beklebten Papptrommel gebändigt werden. Nach den Ölen für das Duftlämpchen muss nicht länger in der Schublade gekramt werden, wenn sie in kleinen Fläschchen auf einer ausrangierten Gewürzmenage daherkommen. Wer Deckel sammelt, ist auch hier klar im Vorteil, und Papptrommeln sind wirklich kinderleicht zu bekleben: Tonne auf, Kleinzeug rein, Deckel drauf! Aufgeräumt!

Mittel gegen Kabelsalat

Meine Freundin Johanna hat einen Korb, den man aus Gärtnereien kennt. Aus Weide geflochten und ziemlich groß, mit einem Henkel links und einem rechts. Eigentlich gedacht zum Abtransportieren von Gartenabfällen, steht er bei Johanna gleich neben der Tür zu ihrem Arbeitszimmer. Ich nenne ihn den Schlangenbeschwörerkorb. In seinem Inneren winden sich schwarze, weiße und graue Kabel zu einem grandiosen Knäuel wie in einer Schlangengrube. Man möchte Johanna eine Flöte wünschen, die mittels einer betörenden Melodie dem Korb die Kabel entlocken könnte: Die richtige Schnur für den Akkustaubsauger und für die Buchsbaumschere; die Kabel zu der Schleifmaus, dem Elektrotacker und den beheizbaren Einlegesohlen für die Gummistiefel von Johannas angelndem Ehemann. Jedes würde sich der Melodie von Johannas Flöte entgegenschlängeln und sich mit dem passenden Gerät vereinen.

Bei uns zu Hause bekämpfen wir den Kabelsalat mit den Papphülsen, die in Klopapierrollen stecken. Kabel lassen sich prima darin aufbewahren, und die Rollen sind von außen gut zu beschriften. Johanna findet den Anblick von Klopapierpapphülsen in ihrem Schlangenkorb doof, ständiges »Was-passt-zu-was-Suchen« aber auch. Darum habe ich nach einer diskreteren Variante für Johanna gesucht. Gefunden habe ich sie im Gebäckregal meines Supermarktes. Die kleinen Schildchen, die die Tüten von Milchbrötchen und Schwarzbrotschnitten verschließen, sind perfekt. Auf der einen Seite ist das Haltbarkeitsdatum aufgedruckt, aber die andere lässt sich wunderbar beschriften und sicher an den entsprechenden Kabeln befestigen. Diese kleinen Helferlein werden ihren Dienst tun, bis eines Tages jemand endlich die Kabelflöte erfindet.

Badezimmer

Nicht nur Menschen können Charakter haben, Dinge auch! Ein Stück Butter zum Beispiel hat Charakter. Geradlinig, einfarbig, bescheiden! Eine Tafel Schokolade ebenfalls. Selbst wenn kandierte Veilchenblätter in ihr schlummern oder Chilischoten aus Uruguay, die Tafel bleibt klar und einschätzbar. Die besten charakterlichen Eigenschaften von allen Dingen hat für mich aber Seife. Ein gutes, ehrliches Stück Seife. Kantig und klar. Mit einem Duft, der mich erfreut, aber nicht meine Sinne benebeln will. Hilfreich und bescheiden, selbst wenn sie in einer kostbaren Verpackung steckt. Möglicherweise mag ich nur deshalb Badezimmer so gern, weil sie der Hauptwohnsitz der Seife sind.

Von meinem Großvater stammt der Rat, Seife »abhärten« zu lassen. Sein Seifenlager war der Kleiderschrank. Von Zeit zu Zeit wurden die Stücke gewendet, und benutzen durfte man sie erst, wenn der richtige Härtegrad erreicht war. Mir ist nie wieder ein Schrank begegnet, der in der Lage war, »Sauberkeit und Frische« zu rufen, sobald man seine Türen öffnete.

Wenn Sie demnächst ein Geschenk für einen netten Menschen suchen, vergessen Sie die Seife nicht. Ein gutes, ehrliches Stück Seife.* Keine gepolsterte Box mit Bonus-Duschgel und Bodylotion, kitschig und maschinell verpackt. Sie können übungshalber auch bei sich selbst anfangen. Überraschen Sie sich und Ihr Badezimmer mit einem kostbaren Seifengeschenk. Ich wette, Sie werden sich beide freuen.

Meerwasser weitet

Neulich hätte es beinahe Streit mit meiner Freundin Susanne gegeben. Wir kennen uns seit der Uni, und sie ging in meiner Schwabinger Studentenbude ein und aus. Ich erzählte ihr, dass ich immer noch

bei jedem Wannenbad strahle, weil ich dabei in meinen Garten schauen kann. Wahrscheinlich, so sagte ich, liege das daran, dass ich so viele Jahre ein winziges Badezimmer ohne Fenster gehabt hatte. Meine Freundin widersprach energisch. Mein Gedächtnis müsse massive Lücken aufweisen, weil mein Schwabinger Bad sehr wohl ein Fenster gehabt habe. Das konnte ich so nicht stehen lassen. Schließlich sei ich es gewesen, knurrte ich, die jahrelang fensterlos gebadet habe. Also müsse ich es ja wohl besser wissen. So ging das eine Weile hin und her, bis ich sie in Gedanken durch mein altes, kleines Badezimmer führte. Und so sehr sie auch suchte, es gab tatsächlich weit und breit kein Fenster. Die Erinnerung hatte Susanne einen Streich gespielt. Susanne hatte ein lichtes, luftiges Bad abgespeichert, weil das gute Gefühl, das mein winziges Badezimmer vermittelte, einfach ein Fenster dazugedichtet hatte!

Es ist wirklich keine Hexerei, ein Gefühl von Licht und Weite in kleine und sogar fensterlose Bäder zu bringen. Das Geheimnis hat vier Buchstaben: Blau! Wir reden hier aber nicht von Wellensittichblau oder Strampelhöschenbleu. Wir reden über Meerwasser. Graugrün, Graublau und dazu Weiß wie die Schaumkrönchen auf den Wellen. Ob Sie Badezimmermöbel und -wände farblich in Meerwasser tauchen oder das Farbenspiel nur auf Ihre Utensilien beschränken, beides ist wirkungsvoll. Das Meerwassergefühl scheint unserem Gehirn Weite zu signalisieren. Aber Achtung: Muschelketten, kleine Leuchttürme aus Gips und Fischernetze mögen zwar mediterrane Stimmung verbreiten, aber sie weiten kleine Bäder nicht. Ganz ausdrücklich nicht!

Aus der Küche in die Wanne

Es gibt Tage, die scheinen geradewegs aus der Hölle zu kommen. Sie trampeln auf unserer Seele herum, machen die Haut trocken und die Stimmung aschegrau! Solche Tage sollten im Badezimmer mit einem schönen Vollbad enden.

Es braucht nicht viel, um hausgemachte Badezusätze herzustellen, die wunderbar einfach und trotzdem der pure Luxus sind. Kein chemischer Schnickschnack, sondern Gutes aus dem Küchenschrank. Mein amtierendes Lieblingsbad kommt direkt aus dem Mixer in die Wanne! Dann braucht es eigentlich nur noch ein bisschen Kerzenlicht beim Baden. Das hüllt die Waschmaschine und auch die Putzmittel neben dem Klo in gnädige Schatten. Schauen Sie nur auf Dinge, die schön sind, denn jetzt sind erst einmal SIE dran. Um Ihr Badezimmer kümmern wir uns später.

Date

Hafer-Kamille-Bad

Drei Tassen Haferflocken und eine Tasse getrocknete Kamillenblüten im Blender pulverisieren und ab damit in die Wanne. Körperwarmes Wasser einlaufen lassen und genießen. Nicht wundern, wenn es leicht schäumt. Hafer enthält – wie Efeu auch – Saponine, und die sind leicht seifig.

Veganes Bad

Man nehme für ein Vollbad:
1 Tasse Kokosmilchpulver
½ Tasse Baking Soda (Natron)
½ Tasse Mondamin (Maisstärke)

Alle Zutaten vermischen und in das warme Badewasser einrühren. Baking Soda macht die Haut weich, und die Maisstärke beruhigt die Haut. Nicht-Veganer nehmen normales Milchpulver, je fetter desto besser für die Haut. Die Milchpulvervariante ist toll mit zusätzlichen Lavendel- oder Kamillenblüten.

Ein süßes Bad

2 Liter Vollmilch
1 Glas Honig (ca. 200 Gramm)

Die Milch erwärmen, den Honig einrühren. Nicht zu heiß werden lassen, denn das mindert die Kraft des Honigs. Die warme Honigmilch in die gefüllte Wanne einlaufen lassen und umrühren. Das Wasser sollte 37 Grad haben, wie die Körpertemperatur. Musik an, ein Gläschen Rotwein auf den Wannenrand, und 20 Minuten später sind Sie wie neugemacht. Nach dem Bad die Haut nur abtupfen, nicht rubbeln.

Ein salziges Bad

Dieses Bad hilft, Schadstoffe aus dem Körper auszuspülen. Oder neuhochdeutsch: Es detoxt ganz enorm!

2 Tassen Epsomsalz (Magnesiumbittersalz)
1 Tasse Baking Soda (Natron)

Beides zusammen in das 37 Grad warme Badewasser einlaufen lassen und 20 Minuten gedanklich von der Bildfläche verschwinden.

Falls Magnesiumbittersalz oder Epsomsalz noch kein fester Bestandteil Ihres Haushaltes ist, sollten Sie das ändern.* Es ist so gut für Leib und Seele! Sie werden es nicht mehr missen wollen.

SCHLAU

Jeder Badezusatz lässt sich mit ätherischen Ölen wunderbar abrunden. Wählen Sie der Nase nach. Die kennt Sie schon so lange und ist so nah an Ihnen dran, dass sie ganz genau weiß, was Ihnen guttut.

Pralinen für die Nase

Wenn die Nase trieft und die Muskeln schmerzen, ist es höchste Zeit für Pralinen. Die Pralinen, die ich meine, sind weder aus Nougat noch machen sie sich auf der Waage bemerkbar. Sie liegen nicht auf hübsch verzierten Tellerchen herum, sondern auf dem Boden meiner Duschkabine: Sie sind aus Menthol und machen ganz wunderbar den Kopf frei. Das Rezept habe ich vor Jahren aus dem Mutterland von Wick Vaporub mitgebracht. In den USA macht man Mentholpralinen – ein praktisches Mittel gegen Erkältungsbeschwerden – daraus. Eine solche Praline wird während des Duschens auf den Boden der Kabine gelegt. Dann das Wasser möglichst heiß aufdrehen und wie gewohnt duschen. Ist übrigens nicht nur wohltuend in der Erkältungszeit, sondern auch eine hervorragende mobile Einsatztruppe am Morgen, wenn die Nacht davor ein bisschen kurz war.

Wenn man mit feuchten Händen aus der Dusche tappt, können viele Kosmetikflaschen zu einem echten Problem werden. Viele haben – der schöneren Optik wegen – ganz glatte Schraubverschlüsse. Wenn die fest zugedreht sind, lassen sie sich mit feuchten Händen nicht öffnen. Noch schlimmer ist es mit öligen Fingern nach dem Eincremen. Ich habe neuerdings immer ein Gummiband griffbereit. Eins, zwei, drei um die Kappe geschlungen, und zack! geht die Flasche auf.

Für etwa 20 Pralinen nimmt man: Eine halbe Tasse Wasser, vier Teelöffel Wick Vaporub, eine Tasse Mondamin und eine Tasse Baking Soda. Das Wasser erhitzen und Wick Vaporub darin auflösen. Maisstärke und Natron hinzufügen und alles zu einer festen Paste verarbeiten. Die Masse in Silikonbackförmchen oder Eiswürfelschalen füllen und zwei bis drei Tage trocknen lassen. Die fertigen Pralinen herausdrücken und in einer luftdichten Dose aufbewahren. Sie sind nicht essbar, auch wenn sie ein bisschen aussehen wie dicke Pfefferminzbonbons. Bitte darauf achten, dass sie ausschließlich in der Dusche landen!

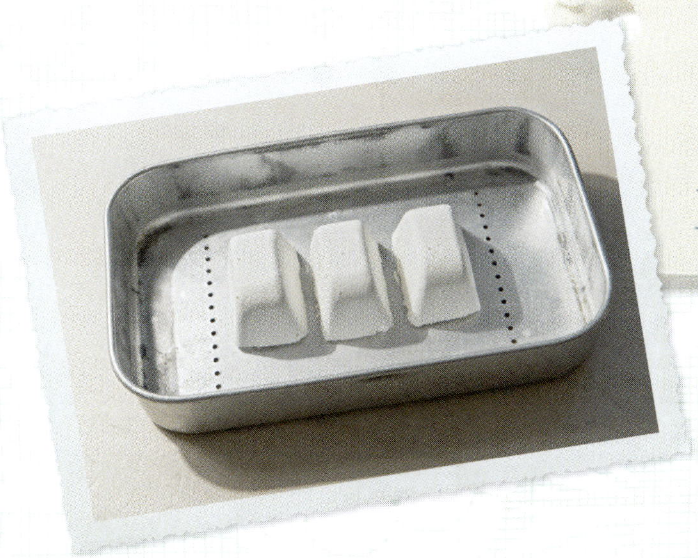

Platz da!

»Geh doch bitte ins Bad und hol ein Pflaster aus dem Alibert!« Wer diesen Satz versteht, weiß wahrscheinlich auch noch, was ein Telegramm ist. Der Alibert, den ich persönlich kannte, war dreitürig, frontal verspiegelt und von oben neonbeleuchtet. Alles, was eine vierköpfige Familie für die Schönheitspflege brauchte, passte dort hinein, inklusive Aspirin und Heftpflaster.

Heutzutage gehen wir mit dem Platz in unseren Badezimmern um, als hätten wir noch ein zweites in Reserve. Der Waschbeckenrand ist komplett zugeparkt mit bunten Flaschen und dreierlei Zahnpastatuben, und falls sich irgendwo noch eine Lücke auftut, wird sie zugestellt mit Handdesinfektionsmittel. Das mag sinnvoll sein in Haushalten, in denen öfter mal zwischendurch operiert wird. Alle anderen haben meiner Meinung nach an dieser Stelle eine Platzreserve. Fenster scheinen in Badezimmern nur noch eingebaut zu werden, damit es Platz für Fensterbänke gibt, auf denen wiederum Platz ist für Dinge, die unser Leben nicht nennenswert bereichern. Wer in Zukunft stark bleibt und einen Bogen macht um Volumenspray für rothaarige Frauen mit Ponyfrisur und Shampoos für tierliebe Blondinen mit geschädigten Haarspitzen, kann sich im Handumdrehen über ein Badezimmer freuen, in dem der Beckenrand wieder zu sehen ist. Ein Shampoo, das wirklich was kann, und eine gute Haarspülung reichen völlig. Meist sogar für alle Köpfe im Haus. Wenn Sie dann noch Flaschen finden, die nicht mit tropischen Früchten bedruckt sind, dann sind Sie Ihrem ruhigen, aufgeräumten Badezimmer einen großen Schritt näher.

SCHLAU

Wer Conditioner im Haus hat, braucht keinen Rasierschaum, um die Beine zu enthaaren. Riecht gut, funktioniert gut, und man hat einen weiteren Behälter im Bad gespart.

Was ist schöner als fünf Flaschen, die ständig in der Dusche umfallen? Richtig! Zwei Flaschen, die stehen bleiben. Ich mag klare Sorten, die nach Kräutern riechen, und keine Kokos-Mango-Limettensorbet-Kreationen. Salongrößen sind oft besonders hübsch, und die Pumpspender halten uns davon ab, zu viel Shampoo zu benutzen.* Sie können auch Ihren Friseur nach leeren Flaschen fragen. Die Etiketten lassen sich meist mühelos abziehen, und dann füllen Sie ein gutes Universalshampoo hinein.

Kleinteilbändiger

In keinem anderen Raum des Hauses ist die Kleinteildichte so hoch wie im Badezimmer. Von Abflussfrei und Baldriantropfen bis Parfümpröbchen und Zahnseide. Wer eine Melange aus derlei Zutaten bunt durcheinanderkullernd in seinen Schubladen aufbewahrt, muss gute Nerven haben. Oder viel Zeit, wenn er etwas Bestimmtes sucht! Dabei ist es so einfach, Kleinteile im Bad zu bändigen. Ich verspreche ihnen echte Hingucker für Ihr Badezimmer und Ordnung obendrein, wenn Sie ein kleines bisschen mutig sind.* Haben Sie einen alten Karteikasten im Haus?

In Karteikästen lassen sich vor allem Flaschen gut verstauen. Dann steht kein buntes Durcheinander herum. Die Kästen lassen sich ganz einfach in einer Farbe streichen, die zum Badezimmer passt, und vorne sogar beschriften! Alle Arten von Holzkästen sind gut, auch solche ohne Deckel.

Was der Küche recht ist, ist im Badezimmer noch viel schöner! Attraktiver lässt sich keine Ordnung schaffen. Alte Aufsätze für Gewürzschübe sind selbst in ganz modernen Bädern ein toller Stilmix. So ein Aufsatz schenkt zusätzlichen Platz, und wer bei so vielen Schubladen die Kleinteile nicht in den Griff bekommt, dem kann auch kein größeres Badezimmer helfen.*

SCHLAU

Das Einrichtungsgen kommt nur im Bauplan von Frauen vor, das wissen wir schon lange. Es kann also nur die weibliche Hand sein, die männliche Utensilien im Badzimmer zu bändigen vermag. Wenn herumpolternde Kleinteile – zum Beispiel durch den Träger einer alten Gewürzmenage – einen Rahmen bekommen, sieht das Ganze sofort schön und aufgeräumt aus.

Schnörkelfreie Ordnungsmacher

Manchmal reicht es schon, wenn man bei Mundspülung, Shampoo und Bodylotion darauf achtet, dass die Behälter möglichst aus einer Farbwelt kommen. Alles in Weiß und Creme zum Beispiel oder nur Pastelltöne. Etiketten lassen sich in der Regel leicht entfernen, und im Handumdrehen kehrt im Badezimmer Ruhe für die Augen ein.

Der sicherste Weg, selbst dem gutmütigsten Badezimmer die Luft abzuschnüren, ist die Präsentation möglichst vieler Farben auf Flaschen und Tiegeln, die aus lustigen Körbchen grinsen. Aber nicht jedes überfüllt wirkende Regalbrett ist wirklich am Ende seines Fassungsvermögens angekommen. Es sieht nur so aus, weil das Falsche darauf steht. Flaschen, die eine gemeinsame Klammer haben, vermitteln Ruhe. Nach solchen Exemplaren sollten wir Ausschau halten. Nun braucht es nur noch eine Designlinie, die allen Badezimmerbenutzern gefällt. Alte Flakons vom Flohmarkt sind für Mädchenherzen, weil darin das Mund- und Gesichtswasser besonders schön funkelt. Der männliche Teil der Menschheit mag es aber eher schlicht, was Kompromisse nötig macht.

Ganz oben auf der Kompromissliste: Apothekerflaschen! Klares Design und preiswert obendrein. Manche Apotheken füllen ihre Tinkturen nicht in schnödes Plastik, sondern wie früher in die schlichten Behälter mit der schwarzen Schraubkappe. Viel zu schade also zum Wegwerfen, wenn sie leer sind. Man kann die Flaschen sogar ungefüllt kaufen.* Wer es also unverschnörkelt mag und trotzdem ein bisschen Nostalgie für die Seele will, der füllt seine diversen Wässerchen in Apothekerflaschen um. Im Handumdrehen ist das Badezimmer aufgeräumt, und die klare Linie schafft glatt einen gefühlten Quadratmeter mehr Raum.

Weißmacher für die Zähne gibt es auch im schlichten Gläschen. Von Zeit zu Zeit nach dem normalen Zähneputzen eine Extrarunde mit Baking Soda machen! Nur so viel von dem weißen Pulver nehmen, wie an der feuchten Zahnbürste hängen bleibt, und die Fronten der Zähne damit polieren.

Für Tee- und Kaffeetrinker gibt es einen Turbo-Bleacher: Einen Teelöffel Baking Soda mit dem Saft einer halben Zitrone beträufeln. Die Paste schäumt ein paar Sekunden. Sobald sie sich beruhigt hat, ein Wattepad eintauchen und damit die Zähne polieren. Wirkt hervorragend, ist aber wegen der Zitronensäure nicht täglich zu empfehlen.

SCHLAU

Seife an der Leine

Viele Kosmetikartikel säubern und verschönern uns nicht nur. Leider enthalten sie auch Zusätze, die – fein dosiert – kein Problem sind, in rauen Mengen aber unserer Haut eher schaden und unsere Flüsse aufschäumen. Flüssige Seifen und Duschgels sind nichts Schlechtes. Aber sie flutschen so lustig glucksend aus den Flaschen, dass man fast immer zu viel davon nimmt.

Aber es gibt ja Seife. Das gute alte Stück! Ein Multitalent: Riecht gut, macht sauber, ist im Umweltschutz tätig und hilft uns sogar, im Badezimmer Platz zu sparen.

Ein Seifenstück an der Leine spart Platz in der Dusche. So lässt sich die Plastikflascheninflation in den Griff bekommen, und es riecht immer gut im Badezimmer und in der Duschkabine.

Echte Männer schäumen ihr Morgengesicht mit echter Rasierseife ein. Rasierschaum, der sich anhört, als würde er mit einem Sahnesiphon hergestellt, ist was für Warmduscher. Echte Rasierseife wird mit dem Pinsel aufgeschäumt.* Wildwestromantik! Und eindeutig schöner als Metalldosen, die beim Umfallen scheppern.

SCHLAU

In jedem Auto sollte Seife mitfahren. In kleinen Beuteln unter den Sitzen! Denn das ist hübscher als baumelnde Lufterfrischer am Rückspiegel und enthält deutlich weniger Chemie. Im Haus lagere ich Seifenstücke gerne in Gläsern. Je größer, desto schöner. Deckel, die ein Lochmuster haben, sind praktisch, weil sie dem Duft nicht im Wege stehen. Gläser sind schön für kostbare Sammlerstücke und sie verhelfen den kleinen Hotelseifen, die wir von unseren Reisen so gern mitbringen, zu einem neuen Job. Bauen Sie sich ein Seifenterrarium, das Ihr Zuhause sanft beduftet.

Seife kann man leicht selber machen, das Internet ist voll mit Rezepten. Zumindest aber kann man sie selbst verpacken. Ein einfaches, gutes Stück Seife wird zu einem ganz persönlichen Geschenk, wenn es in einen hübschen Tapetenrest eingewickelt und mit einer schönen Kordel oder einem Stück alter Spitze verziert wird.

Ein kleiner Wasserfall vor der Waschmaschine gefällig?

Von einem stoffbespannten weißen Paravent können wir uns einen Eisbach vorgaukeln lassen. Mit wasserblauer Stoffbespannung schickt der Raumteiler unsere Gedanken ans Meer, während wir in der Wanne sitzen. Die Hauptaufgabe von Paravents im Bad ist es aber, den Blick auf die Waschmaschine und den Trockner zu verstellen. Raumteilern aus Holz hilft man mit einem Anstrich im richtigen Farbton auf die Sprünge.

Kosmetik für die Waschmaschine

Bei den meisten von uns stehen Waschmaschine oder Trockner im Badezimmer. Nicht unbedingt ein Fest für die Augen, aber unvermeidbar, wenn kein Platz in Keller oder Küche ist. Oft höre ich Stoßseufzer wie diesen: »Ist doch sinnlos, was zu verschönern im Badezimmer. Mittendrin steht die blöde Waschmaschine und ruiniert alles.« Jede Verschönerung ist sinnvoll, immer und überall. Und viele wissen nicht, dass hübsch und hässlich oft nur durch wenige Handgriffe getrennt sind. Andere wenden die Ich-guck-einfach-nicht-hin-Strategie an. Und mit der Zeit nimmt man das weiße Metallgehäuse neben der Wanne nicht mehr wahr. Ich weiß aus Erfahrung, dass vom Wegschauen noch kein Raum schöner geworden ist. Da gibt es deutlich schickere Möglichkeiten!

Es muss nicht immer Bullauge sein

Falls eine neue Waschmaschine ansteht, denken Sie mal über einen Toplader nach! Waschmaschinen, die man oben öffnen kann, bringen einen großen Vorteil für kleine Bäder mit. Man kann beim Schreiner einen schlichten Holzkasten machen lassen, der oben eine Klappe hat. Der Kasten wird passend zum Badezimmer gestrichen und ist eine praktische Abstellfläche für Handtuchstapel und Kleinkram. Damit Sie nicht vor jedem Waschgang alles einzeln wegräumen müssen, werden die Dinge in zwei oder drei Körbchen gebändigt.

Wenn nichts hilft, hilft Humor!

Wenn nichts von Waschmaschinenkosmetik Platz in Ihrem Badezimmer hat, dann geben Sie Ihrer Waschmaschine wenigstens was zu lachen! Reklame aus Zeiten, als Waschmaschinen und das dazugehörige Pulver die Hausfrau in Glücksräusche versetzten, gibt es auf Flohmärkten. Und sie heben die Laune sofort. Auch Ihre!

Das Bügelbrett im Bad

Egal wo es steht, ein Bügelbrett stört immer. Es klappert jedes Mal, wenn die Schlafzimmertür dagegenstößt, und verschandelt die Lücke neben dem Hochschrank in der Küche. Denjenigen aber, die ihr Bügelbrett im Badezimmer lagern müssen, gehört mein größtes Mitgefühl. Wäre es nicht wunderbar, wenn es ein mobiles Brett gäbe für die kleine Bügelei zwischendurch? Ein solches Brett ist so hübsch, dass es obendrein als Abdeckung für die Waschmaschine taugt. Es ist schnell gemacht, und wenn man es nicht täglich sehen will, lässt es sich sehr viel leichter unsichtbar verstauen als der große Bruder.

SCHLAU

Entknittern mit Eis. Schnell ein paar Falten aus frischer Wäsche vertreiben? Kleidungsstück in den Trockner legen, eine Handvoll Eiswürfel dazu, und los geht's! Klappert ein bisschen, aber das Ergebnis ist überzeugend.

Ein Badetuch hilft Strom sparen. Ein trockenes Handtuch, in den Trockner gelegt, hilft der feuchten Wäsche, schneller schrankfertig zu werden.

Eine Salatschleuder gehört in jedes Bad. Feine Unterwäsche ist nach ein paar Runden in der Salatschleuder fast trocken. Der Rest ist nach zehn Minuten auf der Heizung erledigt.

Nie mehr Socken sortieren. Wenn sie vor dem Waschen paarweise mit Sicherheitsnadeln zusammengesteckt werden, kommen sie später fertig sortiert aus dem Trockner! Oder werden als frisch gewaschenes Pärchen auf die Leine gehängt.

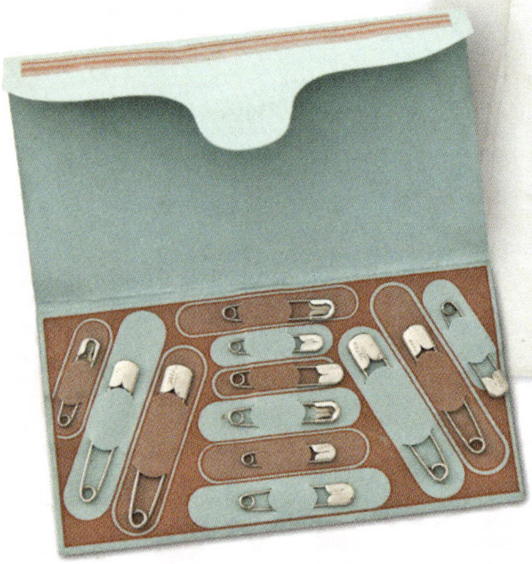

Man nehme:

- 1 Brett in der Größe des Waschmaschinendeckels
- Schaumstoff, Meterware, 1 bis 2 cm dick je nach Festigkeit des Materials, in Größe des Brettes mit 5 cm Zugabe auf jeder Seite
- Tacker und Tackernadeln
- Stoff in gleicher Größe wie der Schaumstoff

Das Brett kann man sich in jedem Baumarkt zuschneiden lassen. Zu Hause legen Sie es kopfüber auf den Schaumstoff, sodass an allen Seiten gleichmäßig viel Überhang bleibt. Dann wird der Schaumstoff auf der ersten Seite festgetackert und bei jedem weiteren Tackern strammgezogen. Das ist wichtig, damit er sich schön über den Kanten rundet. Nicht zu heftig ziehen, sonst reißt der Schaumstoff. Dann das gepolsterte Brett kopfüber auf das Stoffstück legen. Die »schöne Seite« vom Stoff guckt dabei nach unten auf den Tisch. Stoff dicht an dicht festtackern und während der ganzen Tackerei schön strammziehen. Fertig! Und mit ein bisschen Übung kriegt man auch auf diesem kleinen Brett alles glatt.

Ein neues Leben für die Tischdecke

Wie bekommt man eine Tischdecke ins Bad? Ganz einfach! Als Schminkbeutel! Mein liebster Schminkbeutel war einst ein riesiges Tafeltuch. Rundherum wunderbar bestickt. Irgendwann muss mal ein Adventskranz darauf in Flammen aufgegangen sein. Jedenfalls klaffte mittig ein großes Brandloch. Der Schönheit der Engel drumherum hat das nicht geschadet, und deshalb hat meine Freundin Anne daraus ein herrliches Make-up-Täschchen genäht.*

Es lohnt sich sehr, bestickten Tischdecken und alten Blümchenstoffen eine neue Chance zu geben. Als Reisenecessaire, Make-up-Täschchen für große und Schulmäppchen für kleine Mädchen. Besonders gut geeignet sind auch Puppenkissen. Die sind eigentlich fix und fertig für ein zweites Leben als Schminkbeutel. Alles, was ihnen fehlt, sind ein Reißverschluss und eine neue Füllung!

Time to say goodbye:

Neue Schminkbeutel sind ein guter Anlass, die Kosmetiksammlung einer Inventur zu unterziehen. In die Jahre gekommenes Parfum, das wie Maschinenöl riecht, und Wimperntusche, die klumpt. Wer wartet, dass der rostrote Lippenstift eines Tages wieder modern wird, handelt sich überfüllte Schubladen und schlimmstenfalls eine Allergie ein. Vieles kann man allerbesten Gewissens wegwerfen. Wenn Sie furchtlos an die Sache herangehen, kommen Sie locker auf zwei Pfund Kosmetikmüll.

Unser Umgang mit Handtüchern und alten Waschlappen scheint einem geheimnisvollen Plan zu folgen. Etwas tief in uns hält uns offenbar davon ab, Schlussstriche unter unser Leben mit alten Frottiertüchern zu ziehen. Auch wenn wir sie parfümieren und liebevoll präsentieren. Es bleiben fransige Handtücher und verblichene Waschlappen. Trotzen Sie dem Erziehungswerk sparsamer Mütter, stellen Sie sich aufrecht hin und sagen Sie: Nein! Verwandeln Sie Ihre ausgeleierten Waschlappen in viele, kleine nützliche Putzlappen. Falls Sie Handtücher haben, die noch vermittelbar sind, fahren Sie damit zum nächsten Tierheim. Dort freut man sich meist über Handtuchspenden.

Ein Wort zum Schluss

Ich werde oft gefragt, wie ich meine Fundstücke von amerikanischen Flohmärkten über den großen Teich bringe. Container? Erste-Klasse-Ticket? Nichts dergleichen! Ich habe die richtige Airline und ein Motto, das in vielen Lebenslagen hilfreich ist. Besonders aber vor transatlantischen Flugreisen. Früher glaubte ich, der Leitspruch sei für die gemacht, die sich mit einem Problem nicht befassen wollen. Bis ich begriff, dass in ihm der tiefe Glaube an die Gutartigkeit des Schicksals steckt: »Wird schon gut gehen!« Hab ich das Loch für die Stockrose tief genug gebuddelt? Wird schon gut gehen! Ob das Sofa in meinem Wohnzimmer genauso schön aussieht wie im Online-Shop? Wird schon gut gehen! Mein größtes »Wird-schon-gut-gehen« erlebe ich stets, wenn ich aus den USA zurückfliege.

Große Teile des Sommers verbringe ich damit, die Ostküste nach Flohmarktschätzen abzusuchen. Sorglos sammle ich alte Milchflaschen aus Maine und antike »Mason Jars« auf Long Island, bis der Tag kommt, an dem die Schätze ins Gepäck müssen. Und dann grinsen sie mich an, die Vorrats- und Cremetöpfchen. Nicht nur, dass sie erschütternd schwer sind, sie sind auch aus Glas, und das bricht bekanntlich genauso leicht wie das Glück. »Wird schon gut gehen«, flüstere ich jedem Stück zu, wenn ich es fest in meine T-Shirts einrolle. Und spätestens, wenn ich meine Taschen ins Auto hebe, weiß meine innere Kofferwaage, dass jede einzelne übergewichtig ist. Das ist der Moment, in dem ich mein Gepäck dem Schicksal überlasse. Einem Schicksal, das gütig sein möge und hoffentlich den Hang zu American-Vintage-Stücken mit mir teilt. Ein Schicksal, das die Dienstpläne am Bostoner Flughafen frisiert hat, damit nur die nettesten Mitarbeiter Dienst tun, wenn ich komme. Und immer ist es tatsächlich gut gegangen. Noch nie war etwas kaputt, und noch nie wurden wir wegen Übergepäck zur Kasse gebeten. Aber unsere Rucksäcke kriegen jedes Mal ein lustiges Pappschild verpasst. Ein Zeichen für die Gepäckabfertiger, dass hier eine Herausforderung auf die Bandscheibe trifft. »Heavy« steht an jedem Gepäckstück. Für mich jeden Sommer das sichtbare Zeichen, dass ich gut eingekauft habe.

Einkaufstipps für die USA

Wer in den USA sorglos einkaufen will, der sollte Icelandair fliegen. Für mich die freundlichste Airline der Welt, und das Beste: Man darf auch als Economy-Flieger doppelt so viel transportieren wie bei den meisten anderen Airlines. Zweimal 23 Kilo pro Person.*

Rucksack statt Koffer! Gute Rucksäcke bringen wenig Eigengewicht mit, und man kann enorm viel unterbringen.* Außerdem behält man die Hände frei, um sich sorgsam um das Handgepäck kümmern zu können.

Bei Garage Sales und auf vielen Flohmärkten sind oft Preisschilder an den Sachen. Es ist schlau, die Schildchen nach dem Einkauf kleben zu lassen. Falls nämlich der deutsche Zoll kontrolliert, gibt es keine Diskussionen, auch wenn man keine Rechnung hat.

Garage Sales sind ein Schnäppchentraum. Am besten donnerstags die lokale Tageszeitung kaufen. Dort sind alle Garagenverkäufe von Freitag bis Sonntag aufgelistet. Dann nur noch das Navi mit den Adressen füttern, und los geht's zu tollen Entdeckungen und spannenden Begegnungen.

Unbedingt einige Thriftshops besuchen. Dort wird alter Hausrat für den guten Zweck verkauft. Die Shops der Heilsarmee und die Goodwill Stores sind echte Fundgruben. Im Internet findet man alle Adressen in den USA!*

Sollten Sie im August oder September mal in Maine oder auf Long Island sein, dann finden Sie mich leicht. Halten Sie auf Flohmärkten und bei Garagenverkäufen Ausschau nach mir, am besten dort, wo die alten Vorratsgläser stehen. Ich gebe einen Kaffee aus, wenn wir uns treffen. Wir sollten noch ein Codewort vereinbaren. Was halten Sie von »Wohn dich glücklich«? In diesem Sinne, vielleicht bis bald!

Bezugsquellen

Seite 10 Schöne altmodische Jahrmarktbonbons kommen aus Dörentrup in Westfalen. www.kuefa-bonbons.de

Seite 12 Tafelfarbe in vielen Tönen kann man bestellen bei: www.colorfarbe.de.

Seite 13 Ein besonders sanfter Grünton für die Wand ist »Breakfast Room Green« von Farrow and Ball. Das milde Rosa für die Rähmchen hat den lustigen Namen »Elephant's Breath« und ist auch von Farrow and Ball. www.farrow-ball.com

Tipp: Farbtöne nie über Farbkarten im Internet aussuchen. Die Abbildungen haben wenig mit der Realität zu tun.

Seite 19 Herrliche Düfte in schlichten weißen Flakons gibt es von Roads. www.roads.co

Seite 27 Küchentaugliche Karomuster sucht man im Internet am besten unter dem Stichwort »Vichy-Karo«.

Seite 28 In München gibt es die Ausgießer z. B. bei »Bottles«. Dort kann man auch online bestellen. www.bottles.de

Tipp: Auf den US-Seiten von amazon und eBay ist alles bestellbar, was der amerikanische Markt bietet. Aber die Fracht ist teuer. Deshalb am besten alle Wünsche auf einer Liste sammeln. Und aus dem Ärmel ziehen, wenn Freunde in die USA reisen.

Seite 29 Einmachgläser der Firma »Ball« kann man bei uns über die US-Seiten von amazon und eBay beziehen. Eine kleine Auswahl auch über die deutschen Seiten und über www.american-heritage.de.

Seite 34 Alles zu den Einmachgläsern von »Ball« finden Sie oben.

Seite 38 Stearingranulat und Dochte mit Metallfüßchen gibt es bei www.rayher-hobby-shop.de.
Gutes Sojawachs per Kilo bei www.candlecraft.de.

Seite 40 »Chalky Finish for glass« kann man bei www.rayher-hobby-shop.de bestellen. Kleine Flaschen, kein Problem! Die Farben sind sehr ergiebig. Am besten klappt der Anstrich mit sehr weichen Pinseln.

Seite 43 Elektrische Eierkocher und wacklige Handmixer kann man getrost einsparen. Echte Qualität nicht. Eine KitchenAid ist eine Entscheidung fürs Leben. Klassisch und schön. www.kitchenaid.de

Seite 48 Richtig gute Leinenkissenhüllen gibt es bei H&M Home. Für Sofas sind besonders die länglichen Formate schön. www.hm.com

Meine Lieblingskissenhüllen sind aus uralten Postkarten gemacht. Jeden Sommer suche ich auf US-Flohmärkten nach alten Karten. Bei Anne Svea werden dann handgefertigte Kissenhüllen daraus! http://annesvea.dawanda.com

Seite 49 Mein absoluter Lieblingsfarbton seit Jahren ist »Tundra« von Caparol. Küche, Wohnzimmer und Flur sind bei mir zu Hause in zwei Tundra-Nuancen gestrichen: »Tundra 25« und »Tundra 50«. Eine heller, eine dunkler. Gibt es überall im Fachhandel! www.caparol.de

Seite 59 Liebhaber pudriger Töne werden bei Farrow and Ball garantiert fündig. Diese Wand in meinem Gästezimmer ist in dem Farbton »Green Blue« gestrichen. www.farrow-ball.com

Seite 61 Aus der Farbserie »Chalky Finish« gibt es einen Klarlack in zwei Glanzstufen: »seidenmatt« und »ultramatt«. Super leicht mit Pinsel oder Schwämmchen aufzutragen. www.rayher-hobby-shop.de

Seite 66 Wunderschöne Leinenbettwäsche – sogar in Übergrößen – gibt es bei H&M Home. Hier habe ich Hellgrau und Dunkelgrau gemixt. www.hm.com

Seite 68 Von »Crabtree & Evelyn« gibt es herrliches parfümiertes Schrankpapier. Mein Lieblingsduft heißt »Nantucket Briar«. Riecht wie Wäsche, die frisch von der Leine kommt. www.crabtree-evelyn.de

Seite 69 Mein Lieblingsduft für die Bettkante ist ein sehr frisches »Aqua de Colonia« mit Bergamotte und Vetyver. www.clausporto.com

Seite 72 Ein Farbton für Schlafzimmerwände, der mit fast allem harmoniert, heißt »Mizzle« von Farrow and Ball. www.farrow-ball.com

Seite 73 Betthussen in Weiß und Grau gibt es bei H&M Home. Erschwinglich und schön. www.hm.com

Seite 74 Stofffarbe in dutzenden Tönen gibt es bei www.simplicol.de.

Seite 75 Den Farbmischer findet man unter www.simplicol.de/farbenlexikon/farbmischer.

Seite 89 Gute, saubere ätherische Öle in vielen Sorten gibt es von Aveda. www.aveda.de

Seite 95 In den USA heißen die Märkte T.J.Maxx, bei uns aus rechtlichen Gründen TK Maxx. Name hin, Name her: Es lohnt sich, dort zu stöbern. Große amerikanische Marken zu kleinen Preisen. Tolle Schnäppchen für die Wohnung. www.tkmaxx.de

Seite 96 Eine ausführliche Erklärung des Begriffs finden Sie unter http://de.wiktionary.org/wiki/Plunder.

Seite 103 Seifen für Mädchenherzen werden bei Claus in Portugal gemacht. Tolle Verpackung, tolle Düfte. www.clausporto.com

Seite 107 Die verschiedenen Bezeichnungen für dieses tolle Salz sind ziemlich verwirrend. Aber auch in Deutschland ist der Begriff »Epsomsalz« inzwischen gebräuchlich. Gibt's in Online-Apotheken oder z. B. unter www.purux.de.

Seite 111 Flaschen in Pumpspendern, die die Haare mit Kräutern erfreuen, gibt es von Paul Mitchell. Wunderbar: Zitrone-Salbei und Lavendel-Minze! https://paul-mitchell.de

Seite 112 Moderne Produkte im Retrostil sind Hingucker im Bad. Optik und Qualität stimmen bei Payot. Der Look der Cremes ist seit Jahrzehnten der gleiche, der Inhalt nicht. www.payot.de

Seite 113 Mundwasser nach einem hundertjährigen Rezept kommt aus einer Apotheke im bayerischen Altomünster. Dort gibt es noch viele andere herrliche Kräuterelixiere für Haut und Haar. www.apomanum.de

Seite 115 Schöne Flaschen und Gläser für Bad und Küche gibt es günstig bei Fachhändlern, die Apotheken beliefern. Es lohnt sich, auf den Webseiten zu stöbern. Flaschen im klassischen Apothekenlook heißen hier meist »Meplatflaschen«. www.rosa-heinz.de

Seite 116 Meine Lieblingsseifen werden nach uralter Tradition in Porto hergestellt. Seife an Kordeln, in der Tube oder in Papier mit antiken Mustern gewickelt. www.clausporto.de

Seite 122 Meine Freundin Anne macht aus jeder alten Tischdecke individuelle Kosmetikbeutel. Kontakt per E-Mail annesvea@email.de oder per Telefon 0177 / 243 01 14.

Seite 125 Flüge bei Icelandair kann man über Flugbörsen buchen oder direkt unter www.icelandair.de.

Rucksäcke mit wenig Eigengewicht, in die viel reinpasst, gibt es von Fjällräven. www.fjallraven.de

Thriftshops in den USA findet man am besten über www.goodwillsew.com/store-locator und bei der Heilsarmee unter www.salvationarmyusa.org.

Impressum

ISBN 978-3-572-08199-8

1. Auflage

Projektleitung und Redaktion: Dr. Iris Hahner
Umschlaggestaltung: Atelier Versen, Bad Aibling
Reproduktion: Regg Media GmbH, München
Fotos: Sonia Folkmann, Düsseldorf, außer S. 124: Tim Schukat
Grafisches Styling der Liste auf S. 81: Jessica Fuhrmann
Layout und Satz: Guter Punkt, München | www.guter-punkt.de
Herstellung: Sonja Storz

Verlagsgruppe Random House FSC® N001967
Gedruckt auf dem FSC®-zertifizierten Papier *Amber graphic*.

FSC
www.fsc.org
MIX
Papier aus verantwortungsvollen Quellen
FSC® C005833

Druck und Bindung: Těšínská tiskárna, a.s., Český Těšín

Printed in the Czech Republic